Der Fotograf **Rainer Kie-
drowsk**i hat schon viele
Bildatlanten mit Engage-
ment bebildert.

Dina Stahn, Kulturwissen-
schaftlerin und Journalis-
tin, lebt in Stuttgart, kennt
und liebt den gesamten
Bodenseeraum von Kin-
desbeinen an.

Liebe Leserinnen, liebe Leser!

Besonders schön ist es am Bodensee im Frühjahr, wenn die zahllosen Apfelbäume die Landschaft in ein Blütenmeer verwandeln. Wussten Sie, dass jeder fünfte Apfel, der in Deutschland heranreift, an einem Baum im Bodenseegebiet hängt? Verantwortlich dafür ist das hervorragende Klima, das Bodenseewasser speichert die Wärme und sorgt dafür, dass die Äpfel ihr volles Aroma entfalten können.

Den See trinkt keiner leer

Von den günstigen klimatischen Bedingungen profitieren natürlich auch die Trauben, aus denen die hervorragenden Bodenseeweine gekeltert werden. Wie uns Dina Stahn im DuMont Thema auf S. 60 ff. verrät, konnten die Winzer in den letzten Jahren Spitzenergebnisse erzielen und auch internationale Auszeichnungen gewinnen. Aber nicht nur hervorragender Wein stammt aus der Bodenseeregion, auch das Seewasser selbst ist vorzüglich. Wenn Freunde bei mir zuhause den Tee oder Kaffee rühmen, sage ich nur, „das liegt am Bodenseewasser". 40% der Bevölkerung in Baden-Württemberg wird mit Trinkwasser aus dem Bodensee beliefert. Und das ist von wahrlich vorzüglicher Qualität. So wie es aus dem See kommt, hat es bereits Trinkwasserqualität (wird aber dennoch gefiltert und aufbereitet, s. S. 26 f.). Der Bodensee ist also ein gigantisch großer Trinkwasserpool, wo kann das Baden mehr Spaß bereiten?

Highlights ohne Ende

Auf S. 6/7 dieses DuMont Bildatlas stellen wir Ihnen die zehn Topziele der Region vor. Für den Bodenseeraum war es besonders schwierig, sich auf nur zehn Highlights zu beschränken, zu vielfältig sind die Attraktionen. So fehlt hier manches, was man eigentlich auch noch unbedingt erleben sollte, sei es die Höri mit ihrer lieblichen Landschaft, Bregenz mit seinen Festspielen, Stein am Rhein mit seinem mittelalterlichen Ortsbild, und auch Oberschwaben hält noch manche attraktive Sehenswürdigkeit parat … begeben Sie sich auf Entdeckungsreise!
Herzlich Ihre

Birgit Borowski
Programmleiterin DuMont Bildatlas

DuMont Thema

DuMont Thema

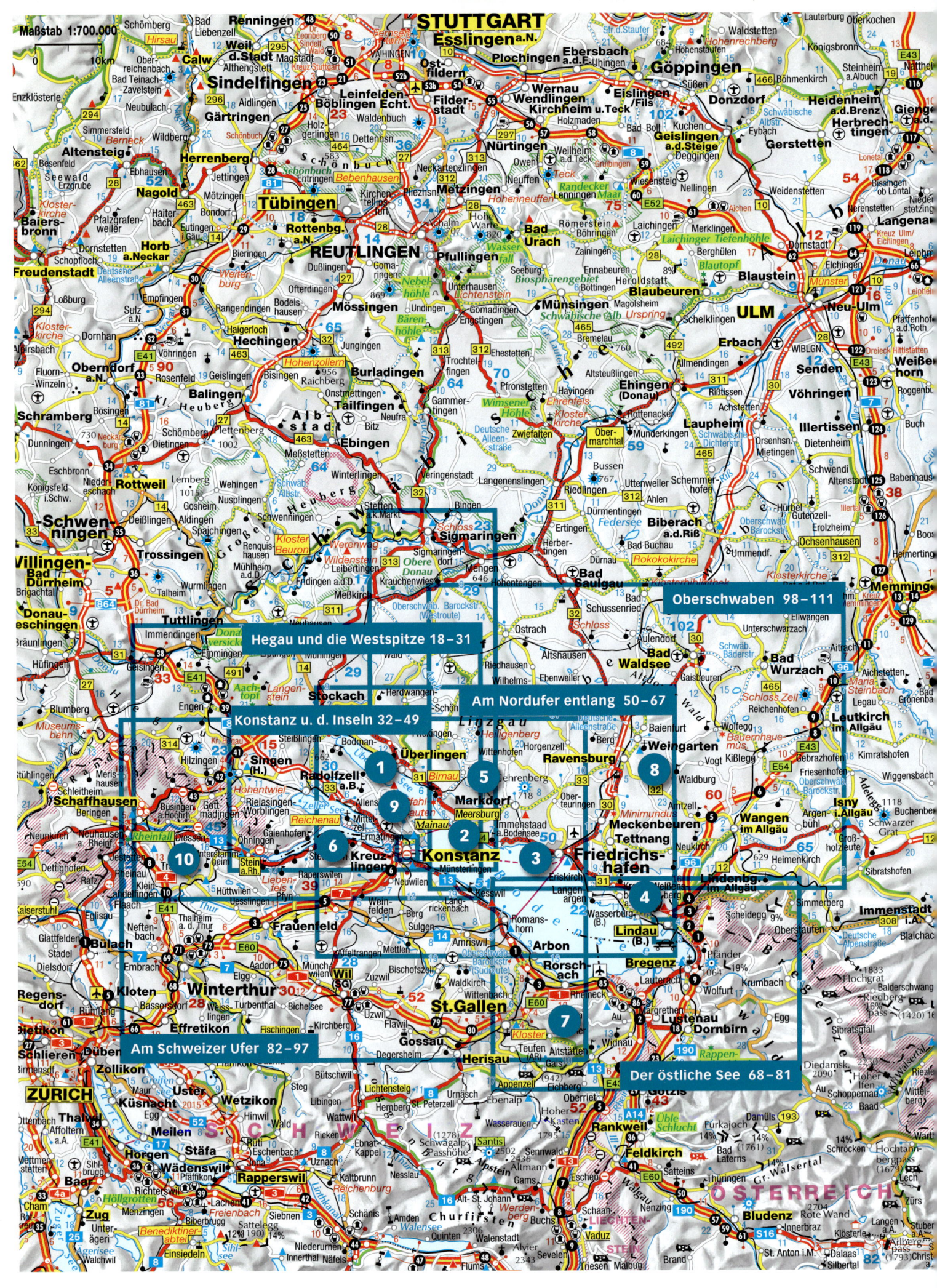

Maßstab 1:700.000

Hegau und die Westspitze 18–31

Oberschwaben 98–111

Konstanz u. d. Inseln 32–49

Am Nordufer entlang 50–67

Am Schweizer Ufer 82–97

Der östliche See 68–81

Topziele

Die bedeutendsten Sehenswürdigkeiten der Region und Erlebnisse, die Sie auf keinen Fall versäumen sollten, haben wir auf dieser Seite für Sie zusammengestellt. Auf den Infoseiten ist das jeweilige Highlight als ▶TOPZIEL *gekennzeichnet.*

ERLEBEN

1 Pfahlbauten Unteruhldingen
Zeitreise in die Steinzeit im archäologischen Freilichtmuseum. Wer mag, kann sich seinen eigenen Faustkeil klopfen.
Seite 30

2 Meersburg
Verwinkelte Altstadtgassen und die Meersburg mit dem Burgmuseum wirken als Besuchermagneten.
Seite 65

3 Zeppelin-Museum
In Friedrichshafen dreht sich alles um Flugtechnik der Spitzenklasse.
Seite 66

4 Lindau
Attraktivster Punkt der Inselstadt ist der Hafen mit Blick auf See und Alpen.
Seite 79

KULTUR

5 Wallfahrtskirche Birnau
Die Barockausstattung der Kirche ist weltberühmt. Einzigartig ist auch die Lage zwischen See und Reben.
Seite 31

6 Insel Reichenau
Die Insel der Mönche zählt zum Weltkulturerbe der UNESCO. Im Kirchlein St. Georg wartet ein besonderer Schatz.
Seite 49

7 Kloster St. Gallen
Nicht nur Bücherwürmer lassen sich vom reich verzierten Bibliotheksraum bezaubern.
Seite 95

8 Basilika Weingarten
Wegen ihrer Größe wird die Basilika in Weingarten „Schwäbisches St. Peter" genannt. Ein Augen- und Ohrenschmaus: die Gabler-Orgel.
Seite 109

 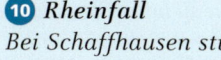

NATUR

9 Insel Mainau
Immer neue Blumenwunder bringt das milde Klima hervor und macht die Mainau zum schönsten Garten am See.
Seite 48

10 Rheinfall
Bei Schaffhausen stürzt sich der Rhein wild schäumend in die Tiefe.
Seite 97

EUROPAS GRÖSSTER WASSERFALL

Bei Schaffhausen stürzt sich der Rhein 150 Meter in die Tiefe: ein Naturschauspiel sondersgleichen. Der Rhein bildet als größter Zufluss die Lebensader des Bodensees, der die Trinkwasserversorgung für viele Tausend Menschen sicherstellt. Dass das Wasser des Sees wieder so sauber ist, ist den jahrelangen Bestrebungen der Anrainerstaaten Deutschland, Schweiz und Österreich zu verdanken, die die Schadstoffeinträge radikal verringert haben.

LIEBLICHE LANDSCHAFTEN

Der Bodensee und das nördlich angrenzende Oberschwaben (Foto) sind altes Siedelland. Ansprechend wirkt der große Abwechslungsreichtum zwischen Wald, Wiese und Wasser. Am See begünstigt das milde Klima den Wein- und Obstanbau, in Oberschwaben steht das Grünland für ausgedehnte Viehwirtschaft. Was Acker, Weinberg und Stall hergeben, veredeln zahlreiche hervorragende Restaurants.

DER TRAUM VOM FLIEGEN

In Friedrichshafen schrieb Ferdinand Graf von Zeppelin Luftfahrtgeschichte, als er im Jahre 1900 seine „fliegenden Zigarren" erstmals dort aufsteigen ließ. Im Zeppelinmuseum (Foto) wird dies eindrucksvoll dokumentiert. Nach wie vor bildet der Bodensee einen guten Nährboden für Innovationen. Das Gebiet rund um Friedrichshafen und Bregenz umfasst starke Wirtschaftsstandorte. Und auch ein hochmoderner Nachfahr der Zeppeline kreist wieder über dem See.

SCHÄTZE DES BAROCK

Ein großartigeres Loblied auf das Buch wurde selten gesungen: der Bibliotheksraum des Klosters St. Gallen (Foto) schwelgt in Farben und Formen. In der Wallfahrtskirche Birnau zeigt sich hingegen der oberschwäbische Barock in seiner ganzen Pracht. Zahlreiche Klöster, Kirchen und Schlösser am Bodensee und in Oberschwaben schmücken sich mit barocker Fülle.

KRÄFTEMESSEN MIT DEM WIND

Über dem unendlichen Blau des Bodensees türmen sich immer wieder die eindrucksvollsten Wetterfronten auf. Wenn der Wind über das Wasser fegt, ist die hohe Zeit der Segler. Sie schätzen den Bodensee, aber sie wissen auch um seine Launen.

Vulkane und Kirchen

Eine eindrucksvolle Leibgarde flankiert den Bodensee im Westen: Hier erheben die Hegau-Vulkane ihre mächtigen Schultern über dem Land. Hat man die erloschenen Riesen passiert, öffnet sich der Blick auf die tiefblaue Wasserfläche des Bodensees, gespickt mit weißen Segeln. Am „Überlinger See" setzen Uferpromenaden, die Wallfahrtskirche Birnau oder das Pfahlbaumuseum Unteruhldingen völlig unterschiedliche Akzente.

Barocke Schatzkammer am nördlichen Seeufer:
die Wallfahrtskirche Birnau

Deutschlands größte Quelle, der Aachtopf bei Engen, schüttet in Hochleistungszeiten pro Sekunde 24 000 Liter Wasser aus.

Von Napoleon geschleift: Festung Hohentwiel, die im 18. Jahrhundert als Gefängnis diente und sich auf einem ehemaligen Vulkanschlot erhebt.

Engens Altstadt zählt zu den besterhaltenen Stadtanlagen Süddeutschlands und steht komplett unter Denkmalschutz.

Wer von Norden kommt, muss an der Leibgarde des Bodensees vorbei: den Hegau-Vulkanen.

Bodensee – ein merkwürdiger Name! Lake Constance, also Konstanzer See, nennen Amerikaner und Engländer das Gewässer ganz einleuchtend, denn immerhin ist Konstanz die wichtigste Stadt am See. In einer St. Gallener Urkunde von 890 n. Chr. ist erstmals von einem „Lacus Podamicus" die Rede. Dies geht zurück auf die seinerzeit nicht unwichtige karolingische Pfalz Bodema/Potema, die sich im heutigen Örtchen Bodman befand. Aus dem Podamicus-See wurde im Lauf der Zeit der „Bodemse". Und seit 1438 ist der Name „Bodensee" fest installiert.

Wer von Norden kommt, muss an der Leibgarde des Bodensees vorbei: an den Hegau-Vulkanen. Am meisten Eindruck schinden der Hohenstoffeln (844 Meter) und der Hohenhewen (848 Meter). Der Name „hewen" geht auf das keltische „keven"= Berg zurück. Doch was schon den Kelten als Berg erschien, ist in Wirklichkeit nichts anderes als ein Schlot, in dem flüssiges Magma zu einem harten Kern aus Basalt und Phonolith erstarrte. Die Vulkanberge selbst, die vor rund 15 Millionen Jahren Feuer spuckten, wurden von den Gletschern der Eiszeit abgehobelt. Von diesen grandiosen Kegeln hat man eine atemberaubende Aussicht, und das machte sie seit dem Mittelalter als Standort für Burgen attraktiv. So thront auf dem Hohentwiel

Eine Augenweide: die Goldhauben der Überlinger Tracht.

Überlingens Münsterturm (Bild oben) überragt die Altstadt und ist dank seines ungewöhnlichen Turmaufsatzes schon von weitem zu erkennen.

Insgesamt besitzt die Wallfahrtskirche Birnau sieben Altäre. Im Zentrum des barocken Überschwangs steht der Marienaltar „Die liebliche Mutter von Birnau".

Blick auf Überlingens Strand. Die Strandbäder am Bodensee sind überaus beliebt. Wo kann man sonst in Wasser mit Trinkwasserqualität baden und kilometerweit schwimmen?

Die Wallfahrtskirche Birnau bereitet den Gläubigen einen barocken Himmel auf Erden.

die größte Festung Deutschlands, die fünf Belagerungen widerstand und als uneinnehmbar galt. Das Ende kam mit Napoleon, auf dessen Anordnung die Feste 1801 geschleift wurde. Geblieben ist eine bombastische Ruine, die zu besuchen ein besonderes Erlebnis ist, nicht nur des Ausblicks wegen.

GANZ SCHÖN FRECH!

Überlingen besitzt die längste Seepromenade am Bodensee, und wer an lauen Sommerabenden in einem der Lokale einen Freiluftplatz ergattert, gibt ihn so schnell nicht wieder her. Bei der Fülle von Cafés und Restaurants kann man kaum glauben, dass der Ort als Hochburg des Heilfastens gilt. Auch sonst scheinen die Überlinger Provokationen nicht abgeneigt: „Bodenseereiter" heißt der Brunnen von Peter Lenk, der direkt am See alle Blicke auf sich zieht. Der Künstler hat dem matten Reiter die Züge des in Überlingen lebenden Schriftstellers Martin Walser verpasst und ihn auf einen müden Esel gesetzt, der, von hängebrüstigen Nixen gestützt, einem Ritt über den Bodensee entgegentrottet. Dass Walser „not amused" war, ist nachvollziehbar.

IM HIMMEL AUF ERDEN

Warum heiraten jährlich rund fünfzig Paare in der Wallfahrtskirche von Bir-

nau und kommen dafür zum Teil von sehr weit her? Unser Kirchenführer lacht: „Weil sie hier im Himmel auf Erden sind! Dieses Fluidum springt über!" Eingebettet in Weinberge und Obstgärten, leicht erhöht am Ufer des Sees, hebt sich die Wallfahrtskapelle zu Ehren der Muttergottes galant aus dem grünen Umland hervor. Die Äbte von Salem, deren Hang zum Prunk nicht unumstritten war, ließen sie 1746 bis 1750 von Peter Thumb aus Vorarlberg erbauen, Joseph Anton Feuchtmayer schmückte sie mit Stukkaturen aus, Gottfried Bernhard Göz schuf die Bemalung. Entstanden ist ein barockes Fortissimo aus Farben und Formen, Balustraden und Ornamenten, Erkern und Nischen. Der Glanz der Birnau wirft sein Licht auch auf die Heiratenden, die umgeben von den Flammen des Rokoko wie auf Wolken schweben. „Das wunderschöne Panorama verstärkt das innere Gefühl." Übrigens: Mindestens ein Ehepartner muss katholisch sein, um hier heiraten zu dürfen.

STEINZEITROMANTIK AM SEE

Schon Jahrtausende vor den Römern, Mönchen und Ausflugsbooten war der Bodensee besiedelt. In der Jungsteinzeit (um 4400 v. Chr.) rammten erste Siedler Pfähle in den weichen Schlick des Ufers. Als deren Überreste im 19. Jahr-

Schon vor 6000 Jahren siedelten Menschen an den Ufern des Bodensees. Das Pfahlbaumuseum Unteruhldingen gibt Einblick in die Welt der jungsteinzeitlichen Bewohner des Sees.

Wahre Naschkatzen sind die Berberaffen von Salem. Ihr Lieblingssnack: Popcorn.

Fangfrische Köstlichkeiten dominieren die Speisekarten der Restaurants am See. Ein Paradies für Fischfreunde!

hundert wieder zutage traten, dachten ihre Entdecker, die Steinzeitmenschen hätten ganze Dörfer auf Pfählen in den See hineingestellt. Dieses Bild korrigierten die Archäologen später. Sie gingen davon aus, dass der steinzeitliche Häuslesbauer seine Hütte nicht in den See, sondern an den Uferrand setzte. Auf Stelzen stellte man die Häuser, um die Wasserspiegelschwankungen von bis zu zwei Metern ohne nasse Füße und nassen Hausrat zu überstehen. Wie die Archäologen in jüngster Zeit herausfanden, war die romantische Vorstellung vom Dorf auf dem Wasser doch nicht ganz so falsch. In der Tat scheint es neben den Uferrandsiedlungen auch ein-

zelne Dörfer auf dem Wasser gegeben zu haben. Vorteil der Nähe zum Wasser: Man hatte es nicht weit zum Fischen und war vor wilden Tieren sicher. 850 v. Chr. jedoch stieg der Seespiegel ganz enorm, und die Pfahlbauten verschwanden. Wie komfortabel die Menschen der Stein- und Bronzezeit in ihren Stelzenhäusern lebten, wie sie sich kleideten, was gejagt, gesammelt und gekocht wurde, zeigt das Freilichtmuseum Unteruhldingen.

DIE AFFEN VON SALEM

Fällt der Name Salem, denken die meisten an das berühmte Elite-Internat. 1920 gründeten Prinz Max von Baden

und der Pädagoge Kurt Hahn die Schule, die heute im Westflügel des Salemer Schlosses untergebracht ist. Golo Mann und die spanische Königin Sophia drückten hier die Schulbank, ebenso wie Prinz Philip, Gemahl von Königin Elisabeth von England.

Aus einem ganz anderen Grund zieht es Familien mit Kindern in hellen Scharen nach Salem: Sie wollen zum Affenberg, um an sehr geschäftsmäßig dreinblickende frei laufende Berberaffen Popcorn zu verfüttern. Eine Tonne wandert jährlich aus Kinderhand in Affenmund. Für die Affen dennoch nur ein Snack: Ihre Hauptmahlzeiten bekommen sie vom Pflegepersonal serviert.

Den trinkt keiner leer

Mit dem Bodensee liegt ein nahezu unerschöpfliches Wasserreservoir unmittelbar vor der Haustür der Anrainerstaaten. Dank jahrelanger Bemühungen hat das Seewasser mittlerweile Trinkwasserqualität.

Noch 1979 war der Bodensee so verschmutzt, dass er umzukippen drohte. Dank umfassender Bemühungen hat sich die Lage völlig gewandelt: Die Begrenzung des Phosphatgehalts in Waschmitteln und besondere Maßnahmen zur Abwasserreinigung wirkten Wunder. Das Wasser hat heute wieder Trinkwasserqualität; der Bodensee ist weltweit Vorbild geworden für ein erfolgreiches Gewässerschutz-Management.

SEGEN AUS DER TIEFE

Über vier Millionen Menschen, das sind 40 Prozent der Bevölkerung von Baden-Württemberg, trinken Wasser aus dem Bodensee. Ein gigantisches Netz an Pipelines durchzieht das Land von Überlingen bis Stuttgart, Bad Mergentheim oder Triberg. Der 1954 gegründete „Zweckverband Bodenseewasserversorgung" hat mittlerweile 180 Mitglieder, die 320 Städte und Gemeinden versorgen. Anfangs gab es viele kritische Stimmen. „Die trinken uns den See leer", befürchteten die Anrainer, doch das konnten die Experten rasch entkräften: Jährlich fließen 11,5 Milliarden Kubikmeter Wasser aus dem Rhein und den anderen Zuflüssen in den See, davon zapft die Wasserversorgung auf der deutschen Seite gerade mal 130 Millionen Kubikmeter ab. Selbst im Jahrhundertsommer 2003, als am 8. August so viel Wasser wie nie zuvor gezapft wurde, musste der See nur 531 000 Kubikmeter spenden.

Bei Sipplingen am Untersee ragen drei gewaltige, zehn Meter hohe Türme aus dem Seeboden. Vom Land aus unsichtbar, wird

Sicherheit steht bei der Trinkwassergewinnung an oberster Stelle. Permanent wird das Wasser im gesamten Leitungsnetz von den Zentralen in Sipplingen und Stuttgart aus kontrolliert.

hier in 60 Meter Tiefe Wasser abgesaugt und in die 310 Meter höher gelegene Aufbereitungsanlage auf dem Sipplinger Berg gepumpt. Zwar hätte das Rohwasser aus dem See bereits Trinkwasserqualität, da die tiefen Wasserschichten außergewöhnlich sauber sind. Trotzdem durchläuft es noch drei Reinigungsstufen, bevor es über fast ganz Baden-Württemberg verteilt wird. Wer möchte, kann sich anschauen, was mit dem kühlen Nass auf der Sipplinger Berg geschieht. Eindrucksvoll brodelt ein mächtiger Wasserpilz aus dem Quelltopf. Zwölf Mikrosiebe reinigen das Wasser dann von Algen und Schwebstoffen. Ozonzugaben töten alle Mikroorganismen, die noch verblieben sind. Etwas Chlor sorgt dafür, dass das Wasser auch auf seiner Reise zum heimischen Wasserhahn frei von Keimen bleibt.

FAKTEN

Wasservolumen des Bodensees: 50 Milliarden m³
Durchfluss pro Jahr: 11,5 Milliarden m³
Entnahmen aller Wasserversorger pro Jahr: 170–180 Mio. m³
Trinkwasser: Härte 2, Nitratgehalt 4,8 mg/l

Bodensee-Wasserversorgungswerk Sipplingen
Führung n. Anmeldung (Zugang nur mit Personalausweis)
Tel. 07551/833-11 57 oder 0711/973-22 09
www.zvbwv.de

Infos

Wandern am Vulkan, Kultur am See

Die prachtvolle Naturlandschaft des Hegau mit ihren Vulkanen und Wäldern bietet sich zum Wandern und Radfahren an. Von da aus ist es ein Katzensprung zum Bodensee, wo die Künstlerhalbinsel Höri und Überlingen zu den kulturellen Dreh- und Angelpunkten der westlichen Seeregion gehören.

01 SINGEN

Vom Hohentwiel aus überblickt man die Stadt Singen (45 500 Einw.) am besten: Gewerbe- und Neubaugebiete, Gleisanlagen – das Wirtschaftszentrum des Hegaus.

Sehenswert

Der 688 m hohe erloschene Vulkankegel **Hohentwiel** grenzt direkt an die Stadt und trägt die größte Festungsruine Deutschlands (tgl. 16.–31. März und 16. Sept.–31. Okt.10.00 bis 18.00, April–15. Sept. 9.00–19.30, 1. Nov.–15. März 11.00–16.00 Uhr). Der Burgenweg führt Wanderer vom Hohentwiel über Hohenkrähen und Mägdeberg nach Mühlhausen (14 km).

Museen

Glanzstücke im archäologischen **Hegau-Museum für Vor- und Frühgeschichte** im gräflichen Schloss sind die Beigaben aus alamannischen Gräbern des 6./7. Jh. n. Chr. (Di.–Sa. 14.00–18.00, So. 14.00–17.00 Uhr).

Umgebung

Engen besticht durch seine idyllische Altstadt, die zu den besterhaltenen Stadtanlagen Süddeutschlands zählt. Im städtischen Museum mit Galerie werden steinzeitliche Funde gezeigt. Herausragendes Fundstück ist die Venus von Engen, eine Frauengestalt aus Gagat, angefertigt vor rund 12 000 Jahren (Di.–Fr. 14.00 bis 17.00, Sa., So. 10.00–17.00 Uhr).

Information

Tourist-Information
August-Ruf-Str. 13, 78224 Singen
Tel. 07731/85-262, Fax 85-263
www.singen.de

02 RADOLFZELL

Wo heute das Münster steht, errichtete im Jahre 826 n. Chr. Radolf, Bischof von Verona, eine Zelle. Radolfs-Zelle (30 000 Einw.) wurde rasch zu einem bedeutenden Wallfahrtsort.

Sehenswert

Baubeginn für das spätgotische **Münster Unserer Lieben Frau** war das Jahr 1436. Vermutlich bestand eine romanische Vorgängerkirche. 1903 errichtete man an Stelle des eckigen Turmdaches eine neugotische Pyramide mit vier schmucken Ecktürmchen. Besonders schön sind die Rokoko-Hausherrenkapelle im linken nördlichen und der Rosenkranzaltar (1632) im südlichen Seitenschiff.

Aktivitäten

Die Riedflächen der **Halbinsel Mettnau** ziehen Teichrohrsänger und viele andere Vögel hierher. Von Beobachtungsständen und bei Führungen kann man das Naturschutzgebiet erforschen ohne zu stören (Tel. 07732/123 39, www.nabu-mettnau.de). **Bora** steht für die Bodenseesauna Radolfzell, ein Saunadorf mit Zugang zum See (Mo.–Fr. 10.00–23.00, Sa. 13.00 bis 23.00 Uhr, www.bora-sauna.de).

Feste

Immer am 3. Sonntag im Juli feiern die Radolfzeller das **Hausherrenfest**. Es zählt zu den farbenprächtigsten Festen am See. Die **Mooser Wasserprozession** am darauf folgenden Montag ist Bestandteil des Hausherrenfestes.

Hotel/Restaurant

€€/€€€ Die **ArtVilla am See** bietet zahlreiche Sport- und Freizeitmöglichkeiten (Rebsteig 2/2, Tel. 07732/94 44-0, www.artvilla.de).
€€ Küchenchef Klaus Neidhardt gilt als bester Fischkoch am ganzen See. Wenn's der Fang hergibt, steht hier auch der besonders zarte Saibling auf der Karte im **Hotel-Restaurant Gottfried** (Böhringer Str. 1, Moos, Tel. 07732/92420,www.hotel-gottfried.de; Do. Ruhetag, Fr. nachmittags geschlossen).
€ Gut und günstig: der Gasthof **Adler** im Ortsteil Güttlingen (Ruhetag: Di., Schlossbergstr. 1, Tel. 07732/150 20).

Umgebung

4 km südlich von Radolfzell schiebt sich die Halbinsel **Höri** in den Untersee, die wegen ihrer lieblichen, waldreichen Landschaft bei Besuchern hoch im Kurs steht. In Gaienhofen, wo Hermann Hesse fast acht Jahre lebte, kann man im Hermann-Hesse-Höri-Museum durch des Dichters Wohnräume wandeln, die Schreibmaschine und den Schreibtisch bestaunen, an denen er seine Werke verfasste (Kapellenstr. 8, Mitte März– Okt. Di.– So. 10.00–17.00, Nov.–Mitte März Fr., Sa. 14.00–17.00, So. 10.00 bis 17.00 Uhr, www.hermann-hesse-hoeri-museum.de). Im Ortsteil Gaienhofen-Hemmenhofen ist vor allem das ehemalige Wohnhaus des Malers Otto Dix sehenswert, das zu einer Gedenkstätte umfunktioniert wurde (eine Woche vor Ostern–Mitte Okt. Mi.–Sa. 14.00 bis 17.00, So., Fei. 11.00–18.00 Uhr).

Information

Touristinformation
Bahnhofplatz 2, 78315 Radolfzell
Tel. 07732/81-500, Fax 81-510
www.radolfzell.de

Blick von der Festung Hohentwiel übers Hegau, wo einst Vulkane Feuer spuckten

Infos

03 BODMAN-LUDWIGSHAFEN

Bodman, mit Ludwigshafen zu einer Doppelgemeinde verschmolzen, liegt geschützt am Nordrand des Bodanrück. Heute ist die Gemeinde (4400 Einw.) ein beliebter Badeort.

Sehenswert

Ein Augenschmaus ist das gräfliche **Schloss zu Bodman** (18. Jh.), das rosa hinter Hecken hervorleuchtet. Öffentlich zugänglich ist nur der Park (April– Okt. Mo.– Fr. 9.00–18.00 Uhr).

Hotel/Restaurant

€€/€€€ **See- & Wellnesshotel Adler** tut sich als geschmackvoll eingerichtetes Ferienhotel mit Aussicht und Zugang zum Bodensee hervor. Gehobene Gastronomie im angeschlossenen Restaurant Ludwig's (Ludwigshafen, Hafenstr. 4, Tel. 07773/93 39-0, www.seehotel-adler.de).

Umgebung

In **Sipplingen** (4 km südöstlich von Ludwigshafen) hat die Bodenseewasserversorgung ihren Sitz (s. S. 27). Das ehemalige Fischerdörfchen glänzt mit einer gepflegten Altstadt. Die spektakuläre **Marienschlucht** (6 km südlich von Bodman) ist durch Holzstege erschlossen.

Information

Touristinformation, Büro Ludwigshafen
Hafenstr. 5, 78351 Bodman-Ludwigshafen
Tel. 07773/93 00 40, Fax 93 00 43
www.bodman-ludwigshafen.de

04 ÜBERLINGEN

Wein, Getreide und Salz legten einst den Grundstock zu Überlingens Reichtum. Die Stadt (22 000 Einw.) zählt zu den meistbesuchten Orten am ganzen Bodensee.

Sehenswert

Mediterrane Leichtigkeit vermittelt der Turm des **Münsters St. Nikolaus**; ein schmuckes Geländer trennt den wuchtigen Hauptteil vom verspielten Turmaufsatz mit spitzer Haube. 1350 wurde mit dem Bau begonnen, 1586 war die größte spätgotische Kirche am Bodensee fertig (tgl. 8.00–18.00 Uhr). 1494 wurde im **Rathaus** der herrliche getäfelte Saal mit seinen 41 Figuren aus Lindenholz geschaffen (nur bei Führungen zu besichtigen, Mai– Sept. Mo.–Do. 11.00 und 14.00, Fr. nur 11.00, Okt.–April Di. 14.00, Mi. 11.00 Uhr). An der **Greth** (auch Gred geschrieben) kommt jeder Besucher vorbei, denn das spätgotische Lagerhaus steht direkt am Landungskai der Fähren. 1382 als Getreidelager und Kaufhaus errichtet, erfuhr es 1788

Eines der interessantesten Fest am See: die Mooser Wasserprozession im Juli.

eine Neugestaltung durch Franz Anton Bagnato im klassizistischen Stil. Die Renovierung 1998 sorgte für ein umfassendes Facelifting. Heute behütet das mächtige Gaubendach Restaurants, Läden, Markthalle und ein Kino. Mi. und Sa. ist Markt hinter der Greth. Seit 1999 steht die sechs Meter hohe Betonskulptur von Peter Lenk mit Namen **„Bodenseereiter"** am Landungssteg. Sie zeigt den Dichter Martin Walser als Schlittschuhläufer auf einer widerwilligen Mähre reitend.

Museen

Nicht nur für kleine Mädchen: die **Puppenstuben** von Renaissance bis Jugendstil im Städtischen Museum. Neben der Krippensammlung zählen die Schnitzarbeiten der Brüder Zürn und Statuen von Joseph Anton Feuchtmayer zu den herausragenden Exponaten (Di.–Sa. 9.00 bis 12.30, 14.00–17.00, April–Okt. auch So. 10.00 bis 15.00 Uhr). Zeitgenössische Kunst zeigt die **Städtische Galerie „Fauler Pelz"** direkt am Landungssteg (Di.–So., Fei. 10.00–13.00, 14.00 bis 18.00 Uhr).

Veranstaltungen

Vier Mal pro Saison lädt die Stadt zum Überlinger **Orgelsommer** ins Münster ein (Info-Tel. 07551/6 85 57). **Schwedenprozession** und **Schwertletanz** finden im Mai und Juli statt (Termine über die Kurverwaltung).

Aktivitäten

Die **Bodenseetherme** bietet neben ihrer Traumlage am See auch einen umfangreichen Wellnesskomplex (www.bodensee-therme.de; tgl. 10.00–22.00, Fr., Sa. bis 23.00 Uhr).

Hotel/Restaurant

€€/€€€ In einem ehemaligen Bauernhof, der modern ausgebaut wurde, verwöhnt **Romantik Hotel Johanniter-Kreuz** seine Gäste. Beautybereich, Sauna, Solarium, Dampfbad runden das Angebot ab. Gemütlich: das Restaurant im einstigen Stall (Johanniterweg 11, OT Andelshofen, Tel. 07551/937 06-0, www.johanniter-kreuz.de).

€€ **Hotel-Restaurant Bürgerbräu** befindet sich in einem schönen Fachwerkhaus oberhalb der Stadtmauer. In der gemütlichen Stube werden Regionalspeisen und Fischgerichte serviert (Ruhetage: Mo./Di., Aufkircher Str. 20, Tel. 07551/9 27 40, www.buergerbraeu-ueberlingen. com).

Information

Kur- und Touristik Überlingen GmbH
Landungsplatz 5, 88662 Überlingen
Tel. 07551/9 47 15-22, Fax 9 47 15-35
www.ueberlingen.de

05 UHLDINGEN-MÜHLHOFEN

Die Doppelgemeinde (8000 Einw.) wurde schon mehrfach für ihren umweltfreundlichen Tourismus ausgezeichnet.

Museum

Wie die Menschen der Stein- und Bronzezeit am Wasser lebten, zeigt das Archäologische Freilichtmuseum ▶TOPZIEL **„Pfahlbaumuseum Unteruhldingen"** auf äußerst anschauliche Weise. Großes Familienferienprogramm mit experimenteller Archäologie (April–Sept.

DuMont Aktiv

tgl. 9.00–19.00, Okt. bis 17.00 Uhr, Nov.–März nur im Rahmen von Führungen, Termine Tel. 07556/92 89 00 und www.pfahlbauten.de).

Hotel

€€ Naturnah gelegenes Haus, ruhige Zimmer mit Aussicht verspricht die **Seehalde** (Birnau-Maurach 1, OT Maurach, Tel. 07556/9 22 10, www.seehalde.de).

Umgebung

Auf einer Anhöhe 2 km nordwestlich von Uhldingen thront nahe der B 31 die ▶TOPZIEL **Wallfahrtskirche St. Maria** in **Birnau** (1746 bis 1750), die schönste Barockkirche am Bodensee. Erstmals wurde 1222 ein Marienheiligtum in Birnau erwähnt. Der Marienaltar, die „Liebliche Mutter von Birnau", wurde um 1450 geschaffen. Im rechten Seitenaltar steht der „Honigschlecker" (Öffnungszeiten der Basilika im Sommer tgl. 7.30–19.00, im Winter bis 17.30 Uhr; Führungen Mai–Mitte Sept. jd. Do. 15.00 Uhr, Tel. 07556/920 30). Auf der anderen Seite der B 31 liegt der Friedhof für die Opfer des ehemaligen Konzentrationslagers Aufkirch, einer Außenstelle von KZ Dachau. **Heiligenberg** (19 km nördlich) ist wegen seiner herrlichen Lage hoch über dem Salemer Tal einen Abstecher wert. Unbedingt sehenswert ist auch das Renaissance-Schloss der Fürsten zu Fürstenberg (1557). Der 36 m lange Rittersaal gilt als schönster Festsaal des Landes (nur zu besichtigen bei Führungen Ostern–Okt. Di.–So. 11.00, 14.00, 15.30 Uhr). 1137 wurde Kloster **Salem** gegründet (12 km nordöstl.). Seit 1919 dienen einige Gebäudes des ehemaligen Zisterzienserklosters als Internat. Schönster und zentraler Teil des Klosters ist das Münster, eine kreuzförmige Basilika (Baubeginn 1297), die als bedeutendster Sakralbau der Hochgotik im Bodenseegebiet gilt. Die klassizistische Alabasterausstattung mit 27 Altären wurde 1771 bis 1794 erschaffen. Schloss und Münster sind nur im Rahmen von Führungen zu besichtigen (Mitte März–Okt. Mo.–Sa. 9.30–18.00, So., Fei. 10.30–18.00, Nov.–Mitte März So. 15.00 Uhr). Der Affenberg Salem mit frei laufenden Berberaffen und anderen Tieren ist vor allem für Familien mit Kindern eine Attraktion (Mitte März bis Ende Okt. tgl. 9.00–18.00, im Winter nur bis 17.00 Uhr, Affenfütterung 10.20, 11.00, 11.40, 13.10, 14.00, 14.45, 15.40 und 16.45 Uhr, Storchenfütterung Mitte März–April tgl. 14.00, Mai–Mitte Sept. tgl. 11.00 und 16.45, Mitte Sept.–Anf. Nov. tgl. 14.00 Uhr).

Information

Touristinformation
Schulstr. 12, 88690 Uhldingen-Mühlhofen
Tel. 07556/92 16-0, Fax 92 16-20
www.seeferien.de

Malerische Tage am See

Den Schriftsteller Herrmann Hesse zog es auf die Höri ebenso wie die Maler Otto Dix, Max Bucherer und Erich Heckel. Inspiriert von der idyllischen Landschaft schufen sie hier bedeutende Werke. Wer selber den Pinsel führen und sich eine kreative Auszeit verschaffen will, ist auch heute noch auf der Höri willkommen.

Am Rand des Gaienhofener Ortsteils Horn liegt eine kleine, ehemalige Strumpffabrik. 2006 entdeckten die Künstlerin Beate Bitterwolf und ihr Mann Wolfgang Beyer das Anwesen mit Blick auf den See, das an Wiesen und Obstbäume grenzt. Sie bauten die Hallen zu mehreren Ateliers und drei Gästezimmern aus. Die „Fabrik am See" veranstaltet rund 70 Kurse pro Jahr. Für Anfänger, die es schon immer einmal mit Farbe und Pinsel versuchen wollten, werden gesonderte Wochenendkurse angeboten. „Wichtig ist vor allem, ein inneres Interesse mitzubringen

Zeit und Raum vergessen

und sich auf ein Thema richtig einzulassen", erläutert Beate Bitterwolf, die auch selber Kurse gibt.

UNTERRICHT BEIM MEISTER

Ein weites Feld bietet die Fabrik am See allen Menschen, die schon künstlerisch tätig sind und sich von renommierten Künstlern wie Robert Zielasco einige Tage anleiten und begleiten lassen wollen. „Den Kopf frei zu haben von allem, von daheim weg zu sein, das ist sehr inspirierend", bestätigt eine Kursteilnehmerin. Manche werken bis in die Nacht – viel Zeit für den See bleibt da oft nicht ...

Freiluft für die fertigen Werke

WEITERE INFORMATIONEN

• **Fabrik am See**
Beate Bitterwolf und
Wolfgang Beyer
Hornstaaderstr. 7
78343 Gaienhofen/Horn
Tel. 07735/93 83 51

www.fabrikamsee.de

• **Informationen zu Sommermalkursen, auch für Kinder:**
Tourismus Untersee e.V.
Im Kohlgarten 2
78343 Gaienhofen
Tel. 07735/91 90 55

www.tourismus-untersee.eu

Die Königin des Sees

Die grüne Halbinsel Bodanrück teilt den westlichen Bodensee in zwei Hälften. Jede wartet mit einem ganz besonderen Highlight auf: Im Untersee liegt die Reichenau. Die ehemalige Insel der Mönche ist heute UNESCO-Weltkulturerbe ihrer drei romanischen Kirchen wegen. Den Überlinger See hingegen ziert ein buntes Juwel, die Blumeninsel Mainau. Am äußersten Ende des Bodanrück liegt Konstanz, die quirlige Universitätsstadt mit großer Vergangenheit und einem umstrittenen Wahrzeichen.

Alt und neu begegnen sich in Konstanz:
die Front der Stadtbücherei spiegelt das Münster wider.

Blumeninsel Mainau: Sie gehört zu den meistbesuchten Zielen am ganzen See. Herrlich angelegte Gartenanlagen grünen und blühen in schönster Umgebung. Besonders sehenswert sind der Rosengarten und das Palmenhaus (oben rechts). Vom Wasser aus hat man beste Sicht auf das Schloss.

Schwäbische Riviera wird der Bodensee gern genannt. Das Klima ist so mild und angenehm, weil die Hügelketten im Norden vor eisiger Kaltluft schützen und über das breite Tal des Alpenrheins trockene Föhnluft aus dem Süden einströmt. Ihr ausgeglichenes Klima verdankt die Gegend vor allem aber dem See. Seine gewaltigen Wassermassen speichern den ganzen Sommer über Wärme, die vom Herbst an wieder abgegeben wird. Davon profitiert auch die Insel Mainau, das Blütenwunder im Bodensee. Wie kein anderer Ort am See reizt sie die Möglichkeiten des milden Klimas aus. Jedes Jahr strömen über eine Million Besucher auf die 45 Hektar große Insel und wandeln von März bis tief in den Herbst hinein in einer ständig wechselnden Symphonie aus Düften, Farben und Formen.

KEIN PLATZ FÜR DEN ZUFALL

Rund siebzig Gärtner pflanzen auf der Mainau Hornveilchen, Begonien, Mohn, verändern und erneuern Beete, legen verschlungene Rabatten an, wecken Palmen, Hibiskus und Zitronenbäume aus dem Winterschlaf, rupfen Unkraut und zapfen Seewasser zum Gießen ab. Einem Orchesterdirigenten gleich, gibt Gartenbauingenieur Markus Zeiler den Einsatz: Wenn die Kirschen blühen, sollen sich unter ihren Zweigen farblich abgestimmte Tulpen öffnen, sodann haben die majestätisch prunkenden Rhododendronsträucher ihren Auftritt, auf die der duftende Reigen der Rosen folgt. Das letzte Mal hebt Markus Zeiler den Taktstock für die Dahlien, die im Herbst für ein farbenfrohes Finale sorgen. Nichts wird dem Zufall überlassen. Damit Millionen Pflanzen mit völlig unterschiedlichen Bedürfnissen gedeihen und zur rechten Zeit aufblühen, muss ein Rädchen perfekt ins andere greifen. Egal ob Ostern früh ins Jahr fällt oder spät – wenn die Osterbesucher kommen, sollen die Tulpen blühen. Das heißt, im Herbst ist genau zu überlegen, ob früh oder spät blühende Zwiebeln in

An der Hafeneinfahrt erhebt sich das Wahrzeichen von Konstanz , die „Imperia", die an eine berühmte Kurtisane erinnert. Die Statue dreht sich langsam, sodass die Reize der Dame von allen Seiten studiert werden können.

Der wuchtige Rheintorturm war einst Teil der Konstanzer Stadtbefestigung.

Die umstrittene „Imperia" des Bildhauers Peter Lenk trägt auf der einen Hand eine Papstfigur, auf der anderen einen König.

den Boden gesteckt werden. Damit auch bei der legendären Dahlienblüte ab September die Mainau-typische Fülle herrscht, kommen 12 500 Pflanzen in 270 Sorten ganz bewusst erst im Juni ins Freie, doch nicht als Knollen, wie anderswo üblich, sondern als Stecklinge. Auf diese Weise wird der Bestand gleichmäßiger, und die Blütezeit kann präzise kontrolliert werden. Doch selbst im Blumenorchester der Mainau erklingt manchmal ein falscher Ton: Inmitten der reinweißen und roten Tulpen blühten in einem Frühjahr plötzlich gescheckte auf! Vielleicht, so Zeiler lächelnd, seien in Holland ein paar Zwiebeln in den falschen Sack gewan-

dert. Übrigens: Auch im Winter hält die Mainau ihre Pforten geöffnet – Schmetterlingshaus und Palmengarten verströmen dann einen besonderen Reiz. Und Baumliebhaber können ganz in Ruhe unter den Weihrauchzedern und Mammutbäumen im Arboretum dahinschlendern, den Gedanken nachhängen und auf den winterlichen See blicken, wo Tausende Zugvögel zu Gast sind.

KÖNIGIN DES SEES
Es gibt Menschen, die finden Konstanz „bieder, langweilig, provinziell". Die sagen, die Stadt habe nichts zu bieten „außer ihrem Konzil und der Imperia" – zu beidem später mehr. Wer solchermaßen

geimpft im Sommer nach Konstanz kommt, wird seinen Augen nicht trauen: Nette Gassen, auffallend viele junge Menschen – Konstanz ist Unistadt –, witzige Brunnen und einladende Bänkchen, Straßencafés in Hülle und Fülle, Kulturzentren, Museen, das spannende Sea-Life-Center, Musikveranstaltungen und Rock-Events – von biederem Bürgermief keine Spur. Man fühlt sich fast wie am Mittelmeer, besonders am Hafen, wo der warme Seewind bläst. Dort dreht sich seit 1993 die „Imperia", die an das Konzil im 15. Jahrhundert erinnern soll. Freilich handelt es sich bei der spärlich bekleideten Dame um eine Edelhure, die „Keusch-

Das Konstanzer Münster „Unserer Lieben Frau" zählt zu den bedeutendsten Kirchenbauten Süddeutschlands.

Beliebtester Treffpunkt von Konstanz ist die Marktstätte rund um den Kaiserbrunnen.

Abendstille senkt sich auf Konstanz, die größte Stadt am Bodensee.

> *„Selbst unerbittliche Tugend-*
> *bolde krochen bei ihr auf den*
> *Leim und tanzten gleich den*
> *andern nach ihrer Pfeife.“*
>
> Honoré de Balzac, „Die schöne Imperia"

heitsgelübde in Liebessehnen verwandelt" haben soll. Die Imperia hat von 1455 bis 1511 tatsächlich gelebt, allerdings in Rom. Nach Konstanz verpflanzte sie Honoré de Balzac rein literarisch. Neun Meter ist die Statue hoch, fünfzehn Tonnen schwer, und auf ihren Handflächen trägt sie winzige Jammergestalten: links einen Papst und rechts einen Kaiser. Ein Aufschrei ging durch die Stadt, als Fremdenverkehrsverein und Bodensee-Schifffahrtsbetriebe das „Hurendenkmal" aufstellen ließen. Unmoralisch im höchsten Grad und frauenfeindlich außerdem, lauteten die mildesten Beschimpfungen für das Werk des Bodmaner Künstlers Peter Lenk. Ganz Deutschland blickte auf Konstanz, wo sich gar eine Gemeinderatsmehrheit für die Entfernung der Statue fand. Doch es fehlte die Handhabe, weil die Imperia nicht auf städtischem Grund steht. Bei einer Umfrage der Tageszeitung „Südkurier" stellte sich indes heraus, dass über 75 Prozent der Konstanzer die Imperia behalten wollen! Zum Glück, denn schöne Kirchen haben auch andere Städte, eine „Hübschlerin" hat nur Konstanz.

EINE PAPSTWAHL IN KONSTANZ

Aus Deutschland stammen nicht nur Päpste, hier wurden sogar schon welche gewählt. So geschehen in Konstanz, als

hier von 1414 bis 1418 das Kirchenkonzil tagte. Die Geistlichen wollten die Zerrüttung in den eigenen Reihen wieder kitten und sich auf einen Papst einigen – damals gab es deren drei zur selben Zeit. Nach Konstanz, das sich schon fast als zweites Rom sah, strömten neben den Teilnehmern des Konzils und deren Bediensteten auch Nutznießer und Geschäftemacher aller Art: Händler, Ganoven, Huren (angeblich 700 an der Zahl). Zu normalen Zeiten hatte das mittelalterliche Konstanz 6000 Einwohner – während des vierjährigen Konzils beherbergte die Stadt 50 000 Menschen, und das Chaos blieb natürlich nicht aus. Die Fischer schafften es nicht, genügend Fisch aus dem See zu ziehen, man holte Nachschub aus Italien, aß Schnecken und Frösche und trank Wein. Bier war unüblich, und so brachten sich die Bischöfe von Oppeln und Breslau je ein Fass Bier aus der Heimat mit. Als es an die Papstwahl ging, schlossen sich die Würdenträger drei Tage und drei Nächte lang im alten Kaufhaus am Hafen ein, das deshalb heute „Konzil" genannt wird. Dann stand der neue Papst fest: der Römer Martin V. Endlich kehrte die Normalität nach Konstanz zurück. Ab 2014 steht der Stadt wieder Großes ins Haus. Dann beginnt das vierjährige Jubiläumsspektakel „600 Jahre Konzil".

Einst bildete die Insel Reichenau ein geistliches Zentrum von außerordentlicher Strahlkraft. Heute dominieren Gewächshäuser und Salatköpfe, die sich bis vor die Pforten von St. Georg ziehen. Das Kirchlein bei Oberzell birgt im Inneren herausragende romanische Wandmalereien.

Nur ein schmaler, von Pappeln gesäumter Damm führt auf die Reichenau.

Von Allensbach aus genießt man einen schönen Blick auf die Insel der Mönche und Salatköpfe.

Schiff ahoi!

Lange hegte man in Konstanz und Friedrichshafen den Wunsch nach einer Direktverbindung per Schiff. 1998 entstand die Idee, hierfür Katamarane einzusetzen.

Katamarane sind Doppelrumpfboote, die mit bis zu 40 km/h durch die Wogen pflügen, wodurch man in 45 Minuten die jeweils andere Stadt erreichen könnte. Doch das Vorhaben stieß auf vehemente Kritik. Fischer fürchteten um ihre Netze, Segler um ihre Sicherheit, Naturschützer sahen die ökologisch sensiblen Zonen in Gefahr. Man stritt sich jahrelang und zog bis vors Bundesverwaltungsgericht, das die Klagen gegen die schnittigen Flitzer jedoch abschmetterte. Nach dem Start mit zwei Katamaranen im Juli 2005 pendeln heute drei der je 5,9 Millionen Euro teuren Schiffe zwischen Konstanz und Friedrichshafen: „Constanze", „Fridolin" und „Ferdinand".

DIE REICHE AU

Endlose Reihen Salat und Hunderte Gewächshäuser – dies sehen die Besucher als Erstes, sobald sie den von Pappeln gesäumten Damm passiert haben, der auf die Reichenau führt. 2,4 Quadratkilometer, also über die Hälfte der Inselfläche, dienen dem Gemüseanbau. Von dieser Fläche befindet sich ein halber Quadratkilometer unter Glas. Jährlich 18 000 Tonnen Frischgemüse werden auf der Insel erzeugt, die seit 2001 zum UNESCO-Weltkulturerbe zählt – freilich nicht der Kohlköpfe wegen, sondern wegen der einzigartigen baulichen Überreste einer über tausendjährigen Mönchskultur.

724 gründete der Wandermönch Pirmin das Benediktinerkloster und legte damit den Grundstein für den Ausbau zur Klosterinsel. Über zwanzig Kirchen und Kapellen verwandelten das nur per Boot zugängliche Eiland in eine heilige Insel. Vom 9. Jahrhundert an nahmen Ansehen und Macht stetig zu, denn hier wirkten 300 Jahre lang mit die klügsten Köpfe und fähigsten Künstler ihrer Zeit. Die Äbte galten als wichtige Berater der karolingischen Herrscher, der Ottonen und Salier. Einige von ihnen erzogen die Prinzen, wirkten als Kanzler und Gesandte. Die „Reiche Aue" (riche auwe) entwickelte sich zu einem Hort der Gelehrsamkeit, dessen Kloster-

bibliothek weithin berühmt war. Abt Walahfrid Strabo, der 838 bis 848 auf der Insel lebte, schrieb das vielen Gartenfreunden bekannte Lehrgedicht „Hortulus". Abt Hermann der Lahme, körperlich schwerstbehindert, galt als einer der klügsten Köpfe seiner Zeit. Unter anderem erfand er die tragbare Sonnenuhr, mit der Hirten jahrhundertelang die Zeit bestimmten. Um 1000 n. Chr. galt die Reichenauer Malerschule nördlich der Alpen als tonangebende Einrichtung. Doch selbst der hell lodernde Stern der Reichenau sank und verlosch irgendwann: Die Zahl der Mönche ging im 11. Jahrhundert zurück, 1238 brannte das Kloster und verarmte in der Folgezeit, 1757 wurde es endgültig aufgehoben.

DIE MÖNCHE KEHREN ZURÜCK

Seit 2004 versuchen zwei Benediktinermönche, Funken aus der erloschenen Glut zu schlagen. Sie gründeten eine neue „Cella St. Benedikt", die der Erzabtei Beuron im Kreis Sigmaringen zugeordnet ist. Die alte Mönchsregel „Bete und arbeite" gilt auch für sie: Im Klostergarten tragen die Tomaten der Patres Daniel Riedmann und Stephan Vorwerk erste Früchte. Und in der Kirche St. Peter und Paul in Niederzell werden nun wieder Stundengebete gehalten, die übrigens öffentlich zugänglich sind.

NATURRAUM BODENSEE

Kampflärm im Vogelparadies

Die Flachwasserzonen des Bodensees sind ein Paradies für Vögel. Hier gibt es Nahrung und Brutmöglichkeiten in Hülle und Fülle. Ein Vogel steht jedoch auf der schwarzen Liste der Fischer: der Kormoran.

Eine Graugans startet durch. Für Zugvögel ist der Bodensee ein beliebter Rastplatz auf dem Weg nach Süden. Für viele Arten aus dem Norden ist der See selbst das Ziel. Sie bleiben über den ganzen Winter.

Der Bodensee ist in vielerlei Hinsicht einzigartig, auch als Naturraum. Wasservögel der nördlichen Breiten verbringen zu Tausenden die kalte Jahreszeit am milden Bodensee. Besonders die Flachwasserzonen am Untersee und im Rheindelta weisen das ganze Jahr über ein beeindruckendes Spektrum an Tier- und Pflanzenarten auf. Viele davon stehen auf der roten Liste der gefährdeten Arten. In den unter Naturschutz stehenden Zonen von Eriskircher und Wollmatinger Ried, Moos und Fußach brüten Kiebitz und Bekassine, Braun- und Schwarzkehlchen. Im Flachwasser kann man ohne Mühe den überaus seltenen Schwarzhalstaucher beobachten (diese sind etwas kleiner als das schwarze Blässhuhn, mit einem gol-

denen Federbüschel an der Wange) und den Haubentaucher, das „Flaggschiff des Untersees", wie ihn Dr. Wolfgang Fiedler vom Max-Planck-Institut für Ornithologie in Radolfzell nennt. Der Charaktervogel des Sees ist die Kolbenente, die hier sehr häufig vorkommt, in Deutschland aber sonst fast nirgends zu finden ist. Das Männchen besitzt einen roten Kopf und als einzige Ente einen roten Schnabel und ist daher gut zu identifizieren. Wissenschaftler wie Wolfgang Fiedler haben beobachtet, dass sich die Vogelwelt verändert. Da es wärmer geworden ist, fühlen sich südeuropäische Arten wie Orpheusspötter, Bienenfresser und Karmingimpel plötzlich wohl. Auch der Kormoran ist seit einiger Zeit wieder Brutvogel.

Der Kormoran war einst nur zeitweilig zu Gast am See. Mittlerweile brüten hier rund 100 Paare. In den Flachwasserzonen macht er Jagd auf Fisch.

Rund 250 000 Wasservögel überwintern am Bodensee, die meisten davon Reiher- und Tafelenten sowie Blässhühner. Graugänse (Foto) ziehen vor allem im Herbst und Frühjahr durch.

KAMPF UM DEN KORMORAN

Ursprünglich kam der Kormoran nur als Wintergast an den See. Seit rund 15 Jahren brüten etwa 100 Paare in mittlerweile drei Kolonien: bei Moos, bei Fußach am Rheinzufluss und nahe Friedrichshafen. Eigentlich ein Grund zur Freude, immerhin war der Kormoran fast ausgerottet und die Bestände haben sich erst seit den 1990er-Jahren wieder deutlich erholt. Doch der große schwarze Vogel mit den smaragdgrünen Augen ernährt sich ausschließlich von Fisch, frisst, was ihm vor den Schnabel kommt und macht auch vor Felchen, den seltenen Äschen und anderen Speisefischen nicht

ADRESSEN

Vogelbeobachtungen am Bodensee
Max-Planck-Gesellschaft für Ornithologie
(Vogelwarte Radolfzell)
Über die weltweite Vogelforschung informiert das MaxCine
mit Vogel- und Bienenhaus in Radolfzell, Schloss Möggingen
Mo.–Fr. 9.00–18.00, Sa. 9.00–12.00 Uhr, www.orn.mpg.de

Ornithologische Arbeitsgemeinschaft Bodensee
www.bodensee-ornis.de

Kormoran-Standpunkte
NABU Baden-Württemberg:
www.kormoranfreunde.de
Landesfischereiverband Baden-Württemberg:
www.aktion-kormoran.de

halt. Das treibt die Fischer auf die Barrikaden. Sie werfen ihm vor, Löcher in ihre Netze zu reißen und für den Rückgang der Fischpopulationen im See verantwortlich zu sein. Tatsächlich nehmen die Fangmengen sehr zum Leidwesen der 140 Berufsfischer und 13 000 Sportfischer beständig ab. Ob daran der Kormoran schuld ist, wird kontrovers diskutiert. Eine wesentliche Ursache für den Rückgang der Fischbestände ist das wieder saubere Seewasser, erklärt die Fischereiforschungsstelle Langenargen. Denn, vereinfacht gesagt: Wo das Wasser sauber ist, gibt es wenig Algen und wenig Wasserflöhe. Damit haben die Fische weniger zu fressen und vermehren sich nicht so stark. Auch die Flussverbauungen – Uferbegradigungen, Kraftwerke, Wehre – und die Klimaveränderungen schaden den Fischen: Der heiße Sommer 2003 vernichtete fast den gesamten Äschenbestand am Hochrhein.

NUR VERLIERER IN SICHT

Aktuell stehen sich auf der deutschen Seeseite Landesfischereiverband Baden-Württemberg und Naturschutzbund NABU unversöhnlich gegenüber. In Demonstrationen und Aufrufen machen sie sich für ihre jeweilige Position stark. Einen Teilerfolg haben die Fischer errungen, die dafür bis vor Gericht gezogen sind: Der Kormoran darf am Untersee im Winterhalbjahr vergrämt, sprich abgeschossen werden. Zwischen 40 und 80 Tiere erlegen die Jäger jährlich. Zusätzlich wurden 2008 die brütenden Kormorane in einer Nachtaktion vom Nest vertrieben – im Naturschutzgebiet. Dies alles brachte die Naturschützer in Rage, denn Abschuss und Störaktionen können auch andere Vögel erheblich beeinträchtigen.
Beide Aktionen sieht das Regierungspräsidium Freiburg zwar als probate Möglichkeiten für eine Schadensreduzierung, räumt aber ein, dass die Ursachen für den Fischrückgang vielfältig seien. Ob der Kampf gegen den Kormoran den Fischen wirklich hilft, wird erst in einigen Jahren zu beziffern sein. Fakt ist: Wesentliche Ursachen des Fischrückgangs sind vom Menschen verursacht. Den schwarzen Peter hat momentan jedoch der Kormoran.

Beim Kampf um den Kormoran stehen sich zwei baden-württembergische Interessengruppen unversöhnlich gegenüber. Der Naturschutzbund NABU schart Kormoranfreunde um sich, der Fischereiverband will dem Vogel an den Kragen.

Infos

Mönche, Rocker, Blumenkinder

Den Hotspot im westlichen See bildet die Reichenau dank ihrer mittelalterlichen Kirchen. Eine Insel weiter blühen auf der Mainau die schönsten Blumenwelten. Konstanz ist genau der richtige Ort zum Einkaufen, Essengehen und Festefeiern: Seenachtsfest und Rock am See haben Fans über drei Ländergrenzen hinweg.

01 KONSTANZ

Die mit 83 000 Einwohnern größte Stadt am Bodensee grenzt unmittelbar ans schweizerische Kreuzlingen. Lange dämmerte Konstanz als grenznahes Provinznest dahin, bis die Gründung der Universität 1964 wieder frischen Wind in die Kleinbürgermetropole brachte.

Sehenswert

Wo heute das **05 Münster Unserer Lieben Frau** steht, ragte zu Römerzeiten ein Kastell empor. Die Kathedrale (7. Jh.), einst Dom des Bistums Konstanz, wurde mehrfach umgebaut. Die bemalte Decke, die ursprünglich die 16 romanischen Säulen überspannte, wurde durch ein flaches Gewölbe ersetzt. Auf der etwas dunkleren Bodenplatte im Mittelgang soll angeblich Johannes Hus gestanden haben, als ihn das Konzil 1414 zum Tod durch Verbrennen verurteilte. Blickfang an der Westwand ist die Orgel (1517–1529). Im Thomaschor erhebt sich die „Schnegg" (1438), ein kunstvoller 6-eckiger Treppenturm. Die Krypta birgt einen einzigartigen Schatz: vier riesige Goldscheiben (9./10. Jh.), die einst die Außenwand des Chors zierten. Auf dem Weg zur Krypta erreicht man über den Kreuzgang die Mauritius-Rotunde (10. Jh.); in ihrer Mitte steht ein im 13. Jh. erneuertes „Heiliges Grab". Von hier aus brachen Jakobs-Pilger zu ihrer ungewissen Reise auf dem „Schwabenweg" nach Santiago de Compostela auf. Beste Aussicht auf die Stadt vom Münsterturm! (Mo.–Sa. 10.00–17.30, So. ab 12.00 Uhr).

Tipp

Café beim Münster

Geradezu mediterran sitzt man im Innenhof des Cafés Wessenberg im Kulturzentrum Wessenberg gegenüber vom Konstanzer Münster. Sehr gute Auswahl an Zeitungen und Zeitschriften, dazu kleine Gerichte, Mittagstisch und Kuchen. Abends öffnet die Bar.

Kein Ruhetag; Tel. 07531/919664, www.wessenberg-cafe.de

Die Solarfähre „Helio" steuert alle Häfen am Untersee an, inklusive Konstanz.

Gegenüber dem Münster liegt das **06 Kulturzentrum am Münster** mit der **Wessenberg-Galerie**. In dieser finden Kultur-Events und Wechselausstellungen statt (Di.–Fr. 10.00 bis 18.00, Sa., So. nur bis 17.00 Uhr). Der älteste Teil von Konstanz liegt im Stadtviertel **03 Niederburg**. 1200 Jahre war Konstanz Bischofssitz, und hier lebten einst die Untergebenen des jeweiligen Bischofs. Heute beleben kleine Läden, Trödler und Restaurants die verwinkelten Gassen. Die **04 Spitalkellerei** verkauft Weine der Konstanzer Weingüter (Mo.–Fr. 9.00 bis 12.00, 14.00–18.00, Sa. 9.00–13.00 Uhr; Weinproben und Keller-Führungen auf Anfrage, Tel. 07531/12 87 60). Urige Weinstuben findet man in der Niederburg zuhauf, z. B. das „Hintertürle" (Konradigasse 3) oder ein paar Schritte weiter die „Niederburg" (Niederburggasse 7). Das Herz der Stadt ist die **10 Marktstätte** mit ihren vielen Läden und Straßencafés und dem 1990 neu gestalteten Kaiserbrunnen (1897). Im 1388 erbauten Kaufhaus am Hafen fand während des Konzils (1414–1418) vom 8.–11. November 1417 die Papstwahl statt. Heute ist das **11 Konzil** Konzert- und Veranstaltungssaal. Die umstrittene **12 Imperia** des Künstlers Peter Lenk hat es bereits zu einem Baedeker-Stern gebracht und ist zum Wahrzeichen der Stadt avanciert. In der Oberen Laube steht, von vierspurigem Autoverkehr umtost, der **07 Lenk-Brunnen**.

Museen

Die umfangreiche Ausstellung im **09 Rosgartenmuseum** gilt als die bedeutendste kunst- und kulturgeschichtliche Sammlung des Bodenseeraums. Einzigartig: die „Richtentalchronik", deren mittelalterliche Tafelmalereien einen Einblick in die Zeit des Konzils gewähren (Di.–Fr. 10.00–18.00, Sa., So. 10.00–17.00 Uhr). 1412 kam der böhmische Reformator Jan Hus mit einem Schutzbrief von König Sigismund nach Konstanz; genutzt hat ihm der Brief nichts. An sein Leben, die Verurteilung als Ketzer und den Tod auf dem Scheiterhaufen während des Konzils erinnert das **08 Hus-Museum** (April–Sept. Di.–So. 11.00–17.00, Okt. bis März nur bis 16.00 Uhr). Nicht zu übersehen ist das **13 Sea-Life-Center** hinter dem Bahnhof beim LAGA-Shopping-Center. Mit 30 Süß- und Salzwasserbecken sowie einem Unterwassertunnel gewährt es einen Blick in die Unterwasser-Lebenswelt im Mittelmeer und Bodensee (Mai, Juni 10.00–18.00, Juli– Anf. Sept. bis 19.00, Anf. Sept.–Okt. bis 18.00, Nov.– April bis 17.00 Uhr). Wie der Bodensee entstanden ist und welche Pflanzen und Tiere hier lebten und leben, erläutert das angeschlossene **13 Bodensee-Naturmuseum** (tgl. Mai– Juni 10.00 bis 18.00, Juli– Anf. Sept. bis 19.00, Anf. Sept. bis Okt. bis 18.00, Nov.– April bis 17.00 Uhr). Auf der rechten Rheinseite im ehemaligen Kloster Petershausen liegt das **01 Archäologische Landesmuseum Baden-Württemberg**, Außenstelle Konstanz. Hier werden von den Pfahlbauten bis zur Burgenforschung vielfältige archäologische Funde aus Südwestdeutschland ansprechend präsentiert (Di.– So. 10.00–18.00 Uhr). Setzt man die Besichtigung der Stadt am Ufer entlang Richtung Norden zum Yachthafen fort, kommt man an teuren Hotels vorbei und gelangt zur Spielbank (So. bis Do. 14.00–2.00, Fr., Sa. bis 3.00 Uhr) mit Roulette, Black Jack, Poker und Automatenspiel. Mindestalter 21 Jahre, Pass oder Personalausweis und gepflegte Kleidung erforderlich!

Aktivitäten

Die **Bodensee-Therme** mit Freibad liegt direkt am See (Wilhelm-von-Scholz-Weg 2, www.bodensee-therme-konstanz.de; tgl. 9.00–22.00 Uhr). Direktverbindung mit den drei **Katamaranen** nach Friedrichshafen tgl. zu jeder Stunde 8.02–19.02, an Werktagen Mo.– Fr. auch 6.02 und 7.02 Uhr, im Sommer Fr. u. Sa. zusätzlich ein AbendKAT; www.der-katamaran.de).

Infos

Feste

Zeltfestival (Juni/Juli): Musik und Kleinkunst. **Seenachtfest (2.** Sa. im Aug.**)** größtes Fest am Bodensee mit grandiosem Seefeuerwerk. **Rock am See** (Ende August) furioses Live-Event (www.rock-am-see.de).

Hotels

€€€/€€€€ Stilvolles Luxushotel auf einer kleinen Insel im See: das **Steigenberger Inselhotel** (Auf der Insel 1, Tel. 07531/125-0, www.konstanz.steigenberger.de).
€€ Der **Bayrischer Hof** ist ein Stadthotel in Hafennähe im Stil der Gründerzeitarchitektur (Rosgartenstr. 30, Tel. 07531/13 04-0, www.bayrischer-hof-konstanz.de).

Restaurants

€€€ Italienische Küche im Herzen von Konstanz mit herrlicher Gartenterrasse verspricht das **Pinocchio**, (Untere Laube 47, Tel. 07531/157 77, www.pinocchio-konstanz.de).
€€€/€€€€ Internationale Gerichte werden im **O'Lac** in stilvollem südlichem Ambiente serviert. Bar und Lounge runden die Location im Hause des Spielcasinos ab (Ruhetag: Di., Seestr. 21, Tel. 07531/81 57 65).

Information

Tourist-Information Konstanz GmbH
Bahnhofplatz 13, 78462 Konstanz
Tel. 07531/13 30-30, Fax 13 30-60
www.konstanz.de

02 INSEL MAINAU

Erst kamen die Mönche der Reichenau und nahmen die **Mainau** ▶TOPZIEL in Beschlag, 1271–1806 war die 44 ha große Insel dann im

Tipp

Hilfe für Hobbygärtner

Nicht immer klappt im Hausgarten alles wie gewünscht. Da überzieht Mehltau die Lieblingsblumen, die Pfingstrosen wollen einfach nicht richtig blühen oder der Rasen ist total vermoost. Was tun? Zum Beispiel das „Grüne Telefon" anrufen. Gartenprofis von der Mainau geben Rat rund um Gartenbau und Pflanzenpflege. Außerhalb der Sprechzeit kann man sich per Anrufbeantworter oder per E-Mail an die Experten wenden.

Tel. 07531/30 33 33, Mi. 13.00–16.00 Uhr
gruenes-telefon@mainau.de

Barockschloss Freudental oberhalb von Allensbach dient heute als Tagungszentrum.

Besitz des Deutschen Ordens. Großherzog Friedrich I. von Baden kaufte die Insel 1853 und machte sie zu seiner Sommerresidenz. Der begeisterte Baumliebhaber legte mit der Pflanzung subtropischer Bäume den Grundstein für das Arboretum, heute eine herrliche grüne Oase mit rund 500 verschiedenen Arten. Friedrichs Tochter heiratete den schwedischen König, so kam die Verbindung zum schwedischen Königshaus zustande. Seit 1932 lenkte Friedrichs Urenkel Graf Lennart Bernadotte die Geschicke der Mainau. Er restaurierte das baufällige Barockschloss und machte aus dem verwilderten Park das heutige Blumenwunder. Seit seinem Tod 2005 führt Tochter Gräfin Bettina das Unternehmen mit Park, Tiergehege, Streichelzoo, Schaubauernhof und einfacher bis gehobener Gastronomie.

Sehenswert

Ab 1732 wurde die Ordensritterburg abgerissen, **Barockschloss** (1739–1746) und **Kirche** (1732–1739) von Johann Caspar Bagnato neu gebaut. Die farbigen Deckengemälde sind von Franz Joseph Spiegler. In der Krypta der Kirche ist Bagnato bestattet. Unter den zahlreichen Blütenwundern ragt der italienische Rosengarten heraus, zu den ganzjährigen Highlights zählt das **Schmetterlingshaus** (Frühjahr/Sommer tgl. 10.00–19.00 Uhr, Herbst/Winter nur bis 17.00 Uhr, Park ganzjährig geöffnet von Sonnenaufgang bis Sonnenuntergang).

Information

Mainau GmbH, 78465 Insel Mainau
Tel. 07531/303-0, Fax 303-248
www.mainau.de

03 INSEL REICHENAU

Die **Reichenau** ▶TOPZIEL (5100 Einw.) , größte Insel des Bodensees, ist heute Weltkulturerbe der UNESCO. Einst Sitz einer bedeutenden Benediktinerabtei. Seit 1838 verbindet ein Damm die Insel Reichenau und ihre drei Ortschaften mit dem Festland.

Sehenswert

Die romanische Kirche **St. Georg** in **Oberzell** ist mit ihren Fresken die bedeutendste Sehenswürdigkeit der Insel. Die Wandmalereien (900–950) zählen zu den ältesten nördlich der Alpen. Nach der aufwendigen Restaurierung erlebt man jetzt einen überwältigend schönen romanischen Kirchenraum, nicht steinfarben blass, wie man romanische Kirchen sonst kennt, sondern farbenfroh. In der Krypta werden seit dem 9. Jh. die Reliquien des heiligen Georg aufbewahrt (Kirche ganztägig geöffnet, Krypta nur im Rahmen von Führungen Mai bis Sept. Mo. 17.00 Uhr zugänglich).
Im Ortsteil **Mittelzell** stand einst das Benediktinerkloster (gegr. 738, aufgehoben 1803). Heutige Hauptattraktion ist das **Münster St. Maria und Markus**, dessen ältester Teil, ursprünglicher Kernbau der Klosteranlage, auf das 8. Jh. zurückgeht, die jetzige Form auf das 11. Jh. Die 700 Jahre alte Dachkonstruktion aus Eichenbalken blieb erhalten. Herrliche gotische Reliquienschreine und ein romanisches Kruzifix werden neben anderen sakralen Kunstwerken in der Schatzkammer im Münster gezeigt (Münsterführung mit Schatzkammerbesichtigung jd. Di. 17.00 Uhr). Ein Muss für alle Kräuterfans ist der **Kräutergarten** des Walahfrid

DuMont Aktiv

Strabo, wo die 24 Pflanzen angebaut sind, die er in seinem Lehrgedicht „Hortulus" beschreibt. Der Garten liegt wenige Schritte unterhalb des ehemaligen Klosters (nur bei Führungen zu besichtigen; Tel. 07534/99 85 05 oder www.strabo.de). In der Ortsmitte erklärt das **Heimatmuseum** im schmucken Fachwerkhaus (12. Jh.) das Leben und Arbeiten auf der Reichenau (April–Okt. Di.–So. 10.30–16.30, Juli u. Aug. bis 17.30, Nov.– März Sa., So. 14.00 und 17.00 Uhr).

Im Ortsteil **Niederzell** wurde an Stelle einer Mönchszelle aus dem 8. Jh. die dreischiffige Säulenbasilika **St. Peter und Paul** mit zwei Türmen gebaut (1104–1126; Führungen Mai– Sept. Fr. 17.00 Uhr). Wie in der Kirche St. Georg in Oberzell gibt es romanische Wandmalereien zu bestaunen. Auch ein Rokoko-Gewölbe (18. Jh.) ist sehenswert.

Feste

Wichtigstes christliches Fest ist heute das **Heilig-Blut-Fest** in Mittelzell (eine Woche nach Pfingstmontag). In der Heilig-Blut-Reliquie sollen sich einige Holzsplitter des Christuskreuzes befinden.

Hotel/Restaurant

€€/€€€ Das **Ganter Hotel Mohren** liegt zentral auf der Insel, moderne Zimmer. Im angeschlossenen Restaurant regionale Fisch- und Fleischgerichte (Pirminstr. 141, Mittelzell, Tel. 07534/99 44-0, www.mohren-bodensee.de).

Umgebung

Rechts und links des Damms zur Reichenau erstreckt sich auf 767 ha das **Wollmatinger Ried**, das bedeutendste Naturschutzgebiet am Bodensee. Im Bahnhof Reichenau informiert das NABU-Naturschutzzentrum über das Wollmatinger Ried (Mo.–Fr. 9.00–17.00, Sa., So./Fei. 13.00–15.30 Uhr). **Allensbach** (nördlich der Reichenau, am Bodanrück-Südufer) ist als Sitz des Instituts für Demoskopie bundesweit bekannt. Seit 1947 wird hier erforscht, was die Deutschen bewegt. Im Wild- und Freizeitpark Allensbach bevölkern rund 400 Tiere aus ganz Europa ein 75 ha großes Gelände. In der Falknerei kann man die Flugkünste von Seeadlern, Jagdfalken und Eulen bestaunen. Zum Freizeitpark gehören ein Abenteuerspielplatz, Wasserrutsche und Trampolin (Mai.–Sept. tgl. 9.00 bis 17.00, Okt.–April 10.00–17.00 Uhr, Tel. 07533/ 93 16 19, www.wildundfreizeitpark.de).

Information

Tourist-Information
Pirminstr. 145
78479 Reichenau
Tel. 07534/92 07-0, Fax 92 07-77
www.reichenau.de

Besuch im Ried

Der Untersee mit seinen Flachwasserzonen und den reichen Schilfbeständen ist ein Paradies für Wasservögel. Exkursionen führen durchs Wollmatinger Ried, das größte und bedeutendste Naturschutzgebiet am ganzen Bodenseeufer. Über 230 geschützte Vogelarten leben hier, darunter der Schwarzhalstaucher.

Das Naturschutzgebiet „Wollmatinger Ried-Untersee-Gnadensee" ist eines der ältesten deutschen Naturschutzgebiete. Der Naturschutzbund NABU bietet Exkursionen durch das Ried an, das nur im Rahmen von Führungen betreten werden darf.

Gänsesäger mit Nachwuchs

PIRSCH MIT DEM FERNGLAS

Mit Ferngläsern und Spektiven ausgerüstet, beziehen Vogelkundler und ihre Gäste Posten auf den Beobachtungsplattformen und begehen die Zonen mit festem Boden auf ausgesuchten Pfaden. Das ganze Jahr über gibt es viel zu entdecken: Wenn im Winter der Wasserspiegel stark sinkt, verwandeln sich weite Teile in Schlickflächen. Hier finden die Wintergäste einen reich gedeckten Tisch. Mitunter rasten bis zu 40 000 Zugvögel auf den Wasserflächen. Im Frühjahr steigt der Seespiegel rasch an, das Schilfrohr wächst mit dem Wasserpegel um die Wette. Jetzt beginnt die Brutsaison für die daheimgebliebenen Wasservögel. Im Mai verwandeln sich die Riedwiesen dank der Frühjahrsprimeln in ein rosa Blütenmeer. Anfang Juni werden sie von den tiefblauen Sibirischen Schwertlilien abgelöst.

Biber sind hervorragende Schwimmer.

WEITERE INFORMATIONEN

• **Exkursionen:** April – Sept. jd. Mi. u. Sa. 16.00, jd. 1. und 3. So. im Monat auch 8.30 Uhr. Termine für große Riedführung (5 km, 3 Std.) und die kleine (3 km, 2 Std.) sowie weitere Exkursionen (z.B. mit dem Kanu) unter *www.nabu-wollmatingerried.de*

• **Ausrüstung:** festes Schuhwerk, wetterfeste Kleidung, ab Juni lange Hosen und Ärmel sowie Insektenschutzmittel, Fernglas
• **Treffpunkt:** in der Regel am Naturschutzzentrum Wollmatinger Ried, alter Bahnhof Reichenau Kindlebildstraße 87

See und Alpen im Blick

Östlich von Meersburg wird der Bodensee immer breiter. Der grüne Saum des gegenüberliegenden Ufers verschwindet im tiefen Blau. Dahinter türmen sich die weißen Alpenriesen auf. Nachts grüßen ferne Lichter vom Südufer, Wasservögel schnattern leise, Wellen flüstern. Kaum scheint die Sonne, herrscht Hochbetrieb: Der Geräuschpegel steigt, eine Blechkarawane rollt dem See entgegen. Wohl dem, der jetzt mit dem Rad unterwegs ist oder sich eine Minikreuzfahrt gönnt.

Beliebter Ruhe- und Aussichtspunkt:
die Schlossterrasse in Meersburg.

Herausgeputzte Gässchen prägen Meersburgs Altstadt.

Ritterrüstungen, Verliese und Folterkammern – alles zu besichtigen im Alten Schloss zu Meersburg.

Die Konstanzer Fürstbischöfe gaben das Neue Schloss von Meersburg in Auftrag. Luxus pur – das zeigt ein Blick ins Treppenhaus.

Annette von Droste-Hülshoff lebte mehrere Jahre in Meersburg. Hier ein Blick in das Arbeitszimmer der Dichterin im Alten Schloss.

D er Bodensee ohne Meersburg, das wäre wie Paris ohne Eiffelturm. Also, auf nach Meersburg! Doch nur langsam kriecht die Blechkolonne den Berg hinab und kommt auf dem großen Parkplatz außerhalb der autofreien Altstadt zum Stillstand. Nach dem Kampf um eine freie Lücke verlässt man erschöpft das Auto und reiht sich in den Strom der Besucher ein. Menschenmassen schieben, drängeln, quetschen und drücken sich durch die mittelalterlich engen Gassen. Blumen hier und Fachwerk da, man ist entzückt – und hastet weiter. Die Uferpromenade mit ihren gestutzten Platanen erscheint als reinste Wohltat, denn dort ist wenigstens zum See hinaus Licht, Luft, Platz. Man flieht die 176 Stufen vom Hafen hinauf zur Oberstadt und gerät endlich in ruhigeres Fahrwasser. Die Anlagen rund um das Neue Schloss sind von barocker Großzügigkeit, die Menge zerstreut sich, und erst jetzt kann man die schöne Aussicht auf See und Berge in Ruhe genießen. Willkommen in Meersburg!

DIE DICHTERIN AUF DER BURG
Über hundert Zimmer verbergen sich hinter den bis zu fünf Meter dicken Mauern der Meersburg, die der Stadt ihren Namen gab. Wie es sich in diesem Gemäuer lebte, hat deren prominenteste Bewohnerin beschrieben, die westfälische Dichterin Annette von Droste-Hülshoff (1797–1848):
„Auf der Burg haus' ich am Berge,
unter mir der blaue See,
höre nächtlich Koboldzwerge,
täglich Adler in der Höh'."
1841 verlegte sie ihren Wohnsitz an den Bodensee, nachdem ihre Schwester Jenny und ihr Schwager Freiherr Joseph von Laßberg die Meersburg gekauft hatten. Das milde Klima im Süden Deutschlands bekam ihr weit besser als der westfälische Dauerregen. Auch innerlich fühlte sie sich wie befreit und kaufte vom Honorar des 1842 erschienenen Bandes „Gedichte" das Fürsten-

Der Marstall ist heute Sitz des Meersburger Staatsweingutes.

Draußen sitzen, Blick auf den See, dazu einen Wein der Region See genießen, frischen Fisch essen – Urlaubsstimmung am Marktplatz in Meersburg.

Typisch für Meersburgs Seepromenade sind neben den vielen Geschäften und Restaurants auch die zurechtgestutzten Platanen.

Felchen, frisch aus dem Rauch.

„Auf der Burg haus' ich am Berge, unter mir der blaue See..."

Annette von Droste-Hülshoff

häusle. Dort ging die berühmteste romantische Dichterin Deutschlands fortan unbeobachtet ein und aus, blickte selbstvergessen auf den See hinab, dessen wechselnde Stimmungen sie über alles liebte. Wesentlich weniger behagte ihr dagegen das gesellschaftliche Leben auf der Burg. Bei ihrem Schwager trafen sich Gelehrte und Schriftsteller, darunter Gustav Schwab und Ludwig Uhland, doch die Droste fühlte sich von ihren Gesprächen alles andere als inspiriert und tat die Herren ab als „langweilig wie der bittre Tod". Dafür entschädigte sie der See reichlich. Die Droste blieb den Rest ihres Lebens in Meersburg, wo sie 1848 starb. Der hiesige Friedhof beherbergt ihr Grab.

STARKE METROPOLE

Von schnuckeliger Altstadt oder verwinkelten mittelalterlichen Gassen mit romantischen Fachwerkhäusern ist in Friedrichshafen weit und breit nichts zu sehen. Hier stößt man auf Flugplatz, Messe, Industrieanlagen bis ans Seeufer, Hochhäuser und 57000 Einwohner. Siebzig Prozent der Stadt wurden im Zweiten Weltkrieg zusammengebombt und wenig ansprechend wieder aufgebaut. Also Augen zu und möglichst schnell durch! Oder lieber doch nicht? Die Attraktivität von Friedrichshafen entfaltet sich erst auf den zweiten

Blick. Da sind das Zeppelin-Museum und der Hafen, dazu sehr gute Möglichkeiten, einzukaufen (an Regentagen ist man dafür dankbar) und gepflegt essen zu gehen.

PIONIERE DER LUFTFAHRT

Engstens verbunden ist Friedrichshafen natürlich mit den Zeppelinen. Der Name dieser Luftschiffe geht auf ihren Erbauer Ferdinand Graf von Zeppelin (1838–1917) zurück. Nachdem der Generalleutnant aus dem Militärdienst ausgeschieden war, züchtete er nicht etwa Rosen, sondern widmete sich der Luftschifffahrt. Nach Plänen des Ingenieurs Theodor Kober baute der Graf das erste lenkbare Starrluftschiff. Als sich am 2. Juli 1900 der erste Zeppelin von Friedrichshafen-Manzell aus in die Lüfte erhob, wurde die Stadt mit einem Schlag weltberühmt.

LEICHTER ALS LUFT

Insgesamt 129 Zeppeline schraubten und schweißten die Arbeiter in den darauffolgenden Jahren auf der Luftschiffwerft zusammen, 102 davon gingen ans Militär. Die größte der „fliegenden Zigarren", das Luftschiff LZ 130, ist mit 245 Meter Länge bis heute das größte Luftfahrzeug. Ähnlich wie die Dinosaurier faszinieren die Zeppeline durch ihre Größe, die aber auch ihre Schwach-

Für maurische Elemente am Bodensee sorgte König Wilhelm I. von Württemberg. Er ließ 1861 Schloss Montfort bei Langenargen erbauen.

Sobald Wind aufkommt, stechen die Segler in See.

Die neue Generation der Luftschiffe: Blick in die Zeppelin-Werft in Friedrichshafen.

stelle bildete: Man benötigte gigantische Hangars für die Luftschiffe, und – man stelle sich das vor – allein 300 Mann Bodenpersonal waren nötig, um diese „Saurier" sicher starten und landen zu lassen. Alle Zeppeline waren gleich konstruiert: Ein Aluminiumgerippe bildete den Körper, in den mit Wasserstoff gefüllte Zellen eingelassen waren, die für den Auftrieb sorgten. Am Bauch des Kolosses klebte eine Gondel, in der Kapitän, Besatzung und Passagiere untergebracht waren. Die Füllung mit leicht entzündlichem Wasserstoff machte die Zeppeline allerdings hoch verwundbar: 1937 brannte LZ 129 in Lakehurst vollkommen aus. Nach 1938

stellte die Werft ihre Arbeit ein, im Zweiten Weltkrieg wurde die Anlage komplett zerstört.

Doch seit 1997 produziert die neue Werft in Friedrichshafen wieder Zeppeline, allerdings keine „echten": Die alten waren dank Wasserstoff leichter als Luft. Der neue Zeppelin NT (für Neue Technologie) wird mit Helium gefüllt, das weniger Auftrieb liefert als Wasserstoff. Das Luftschiff startet mit einer statischen Schwere von rund 350 Kilo, ist also etwas schwerer als Luft und nimmt deshalb beim Aufsteigen seine drei Triebwerke zu Hilfe. Außerdem sind die Neuen im Vergleich zu ihren Vorfahren mit gerade mal 75 Meter

Länge wahre Zwerge. Einer davon dreht heute seine Runden überm Bodensee, mit bis zu zwölf Touristen hinter den Panoramafenstern der Gondel.

BLINDER PASSAGIER AN BORD
Ein guter Grund, Friedrichshafen zu besuchen, ist das Zeppelinmuseum. Nirgendwo sonst auf der Welt wird man so umfassend über die „fliegenden Zigarren" informiert. Auch wer wenig Lust hat, Ventile, Kolben und Propeller zu studieren, wird an der Erforschung des nachgebauten Zeppelins „Hindenburg" seine Freude haben: Man schlendert übers Promenadendeck, wo es sogar einen Briefkasten gab, staunt über die

Riedflächen wie hier bei Eriskirch gehören zu den wichtigsten Refugien für seltene Pflanzen und Tiere.

Wasservögel aller Art überwintern am See. Die Flachwasserzone friert rasch zu. Enten nutzen die dünne Eisfläche, um sich ungestört auszuruhen.

Schwertlilien, auch Iris genannt, gaben dem Eriskircher Ried seinen Namen.

Haubentaucher brüten auf selbstgemachten Inseln im schützenden Schilf.

Heiler vom See

Seine Freunde feierten Franz Anton Mesmer als Wunderheiler, seine Feinde bezichtigten ihn der Quacksalberei und Scharlatanerie.

Dabei war Mesmer – 1734 in Iznang auf der Höri geboren, 1815 in Meersburg gestorben – vom Fach, hatte er doch in Wien Medizin studiert. Er ging davon aus, dass Krankheiten geheilt werden können, indem man dem Patienten mit einem Magneten über den Leib streicht und damit das „körpereigene Magnetfeld" wieder in Ordnung bringt. Tatsächlich gelangen ihm einige erstaunliche Behandlungserfolge, doch (neidische?) Kollegen behaupteten, die Kranken bildeten sich eine Besserung der Beschwerden nur ein. Ob Einbildung oder nicht, das dürfte den Kranken herzlich egal gewesen sein. Heute gilt Mesmers Methode als Vorläufer der Suggestionstherapie, deren Wirkung anerkannt ist.

Schiffskojen nicht unähnlichen Kabinen und wundert sich über den Ehrgeiz der Gastgeber, auf engstem Raum mehrgängige Menüs auf edlem Porzellan zu servieren. So gab es 1931 beim Flug über Ägypten Gänseleberpastete, Rostbraten mit Bratkartoffeln und Gemüse, dazu einen Tokayer oder Liebfrauenmilch. Wer wollte, durfte Henkell- oder Deinhard-Sekt genießen. An solchen Detailinformationen ist das Museum sehr reich, also einen halben Tag für den Besuch einplanen. 1928 wurde übrigens an Bord des Luftschiffs „Graf Zeppelin" der erste blinde Passagier der Luftfahrtgeschichte entdeckt. Ganz wie auf Schiffen üblich, musste sich der 19-jährige Abenteurer aus Amerika seine Überfahrt mit Küchendienst verdienen.

DIE SEEGFRÖRNE

Ende Mai blühen die Sibirischen Schwertlilien an vielen Stellen rings um den See. Ried und Uferwiesen werden zur Kinderstube vieler Vögel. Im Winter kehrt Ruhe ein und in den Flachwasserzonen beginnt der See zu vereisen. Friert der Bodensee komplett zu, ist das immer ein Jahrhundertereignis, das von allen Bodenseeanrainern ausgiebig gefeiert wird. Der eisige Winter 1963 brachte das Naturschauspiel bislang zum letzten Mal hervor. Autos sausten übers Eis, wahre Volksfeste wurden ge-

feiert, Schlittschuhläufer zirkelten vergnügte Kreise, Reiter trieben ihre Pferde zu einem munteren Galopp über die schneeweiße Fläche. Und es wurden uralte Bräuche gepflegt: Wann immer der See zufror, trugen die Hagnauer die Büste des Evangelisten Johannes übers Eis nach Münsterlingen, in den gegenüberliegenden Ort auf der Schweizer Seite, und bei der nächsten Gfrörne brachten ihn die Münsterlinger wieder zurück. 1830 waren die Münsterlinger mit Tragen dran, danach stand die spätgotische Büste gut 130 Jahre in der Hagnauer Pfarrkirche St. Johannes Baptist. Erst 1963 wechselte der Heilige wieder den Standort und wurde im Rahmen einer sehr würdigen Eisprozession von über 2500 Menschen begleitet. Als Mitbringsel, da ließ sich das Winzerdorf Hagnau nicht lumpen, gab es drei Fässchen Wein für die Schweizer. Wer nach Hagnau kommt, wird den Johannes derzeit also vergeblich in der Pfarrkirche suchen. Vielleicht wird der Heilige auch für alle Zeiten in Münsterlingen bleiben, denn die durchschnittliche Wassertemperatur steigt aufgrund der Klimaerwärmung stetig an. Im Winter ist der See heute schon zwei Grad wärmer als noch vor 125 Jahren. Und so wird es immer unwahrscheinlicher, dass es am Bodensee wieder einmal eine Seegfrörne zu erleben gibt.

WEIN

Sonne und See im Glas

*Das besondere Klima des Bodensees kommt Obst und Wein entgegen.
Seit die Mönche der Reichenau als erste Wein anbauten, hat sich der
Weinbau beständig weiter verbessert. Mit Spitzenergebnissen.*

Nichts weniger als eine Sensation dürfte es gewesen sein, als 2007 ein Wein vom Bodensee bei der Austria Wine Challenge in Wien zum „Besten Weißwein der Welt" gekürt wurde. Die „Meersburger Sängerhalde Grauburgunder 2006" vom Weingut Aufricht stellte die gesamte Konkurrenz in den Schatten und verschaffte den Seeweinen beste mediale Aufmerksamkeit.

DER SEE ALS SONNENSAMMLER

Wer das Weingut Aufricht bei Meersburg besucht, das mehr als nur einmal bei Weinprämierungen Goldmedaillen abräumte, ahnt schnell, wieso dort so gute Weine entstehen können. Ein Bilderbuchweingut mitten in den Reben, dazu eine Traumlage überm See, keine Straßen, nur Sonne und eine leichte Brise vom See herauf. Am Horizont verschwimmen die Schweizer Alpen im Sommerdunst. Manfred Aufricht (auf dem Foto S. 60 im Vordergrund) bewirtschaftet zusammen mit seinem älteren Bruder rund dreißig Hektar Weinberge am südlichsten Punkt Deutschlands, auf dem gleichen Breitengrad wie die Weinbauregionen im Markgräfler Land und Burgund. Trumpfkarte von Aufricht und seinen Kollegen ist der See: Die Wasserfläche wirkt wie ein gigantischer Spiegel, der das Sonnenlicht reflektiert und in einer Zone von rund vier bis fünf Kilometern über das Ufer hinaus die Sonnenintensität zusätzlich steigert. Das Wasser speichert die geballte Sonnenkraft und gibt sie im Herbst und Winter wieder ab. Diese Extraportion Sonne kommt den Reben zugute, die hier auf 400 bis 560 Meter Meereshöhe wachsen – so hoch wie nirgendwo sonst in Deutschland. „Hochlandge-

Die Winzer am Bodensee bauen vor allem Spätburgunder an. Bei den Weißweinen heißt der Liebling Müller-Thurgau.

Die Wasserfläche wirkt wie ein gigantischer Spiegel, der das Sonnenlicht reflektiert. Das kommt den Trauben zugute.

wächse also, wie Hochlandtee oder -kaffee. Was ganz Besonderes!", schwärmt Manfred Aufricht. Ihre Wurzeln senken die Bodenseereben in eiszeitlichen Endmoränenschutt – ein kunterbuntes Sammelsurium der Granite, Kalke und Gneise der Alpen. Gut durchmischt wird das Ganze von Lehm, der Was-

Sonnenterrassen in Meersburg oder beschaulicher Sonnenuntergang irgendwo am See: Das herrliche Ambiente trägt zum Weingenuss bei.

ser speichern kann. In der Summe sorgen See, Klima und Boden für den ausgeprägten Charakter der Seeweine, ihr unverwechselbares Terroir. Besonders ihre Fruchtigkeit fällt den Kennern auf.

Die Seewinzer setzen vor allem auf Burgundersorten. Bei den Rotweinen überwiegt der samtig edle Spätburgunder, auch Blauburgunder oder Pinot Noir genannt. Liebling und meistverkauft unter den Bodensee-Weißweinen ist der Müller-Thurgau (eine Kreuzung aus Riesling und Gutedel mit weichem Muskatton und angenehmer Säure). Viele Freunde hat auch der Sauvignon blanc, ein ausgezeichneter Begleiter zu Bodenseefischen, der auch bei Experimenten der Köche mitspielt und zum Beispiel mit Ingwer und exotischen Gewürzen harmoniert. Der Ruländer kann ins Liebliche spielen, ist jedoch, trocken ausgebaut und dann „Grauer Burgunder" genannt, ein hervorragender Begleiter zu allen Fischgerichten.

MÖNCHE ALS WEINPIONIERE

Am Bodensee selbst dienen rund 500 Hektar dem Weinanbau, die besten Lagen erstrecken sich um Meersburg und Hagnau. Keimzelle des Weinbaus war jedoch die Reichenau: Irgendwann im 9. Jahrhundert pflanzten die Mönche der Klosterinsel die ersten Weinreben in dieser Gegend. Bauern folgten dem Beispiel, doch aus alten Sorten wie dem „Elbling" ließ sich nur ein saurer Trunk herstellen, der es bestenfalls für den Hausgebrauch tat. Kein Renner auf dem Markt, zumal die Klöster – damals Stammkundschaft in Sachen Wein – recht gute Kontakte nach Italien unterhielten und sich von dort weit bessere Tropfen kommen ließen. Das Blatt wendete sich erst, als im 18. Jahrhundert neue Sorten nach neuen Methoden angebaut wurden. Nach vielen Jahren mäßiger Umsätze mit durchschnittlichen Weinen setzen viele Erzeuger am See nun auf Finesse und höchste Qualität.

IM BLAUBURGUNDERLAND

Auch die Schweiz und Österreich liefern Bodenseewein. Die Winzer rund um den See empfinden sich als Familie, Nationalitäten tun da wenig zur Sache. Wie auf der deutschen wird auch auf der Schweizer Seite auf rund 500 Hektar Weinbau betrieben. Allerdings liegt das Schweizer Anbaugebiet nicht direkt am See – die Schweizer haben hier ja „nur" Nordhänge –, sondern im Hinterland bei St. Gallen und im Thurgau sowie etwas westlich bei Schaffhausen, genauer gesagt rund um Hallau. Auf drei Viertel der Fläche gedeiht Blauburgunder, daher haben die Marketingstrategen die Gegend „Blauburgunderland" getauft.

Noch immer sind Bodenseeweine keine Massenware – zum Glück. Deshalb wird man sie zu Hause kaum im Weinhandel finden. Unser Rat: Unbedingt gleich vor Ort probieren und einen „Schluck Urlaub" vom Bodensee mitnehmen.

WEIN VOM SEE

Weingut Aufricht
Höhenweg 8, Meersburg-Stetten, Tel. 07532/24 27
Mo.–Sa. 10.00–12.00 und 14.00–18.00 Uhr
www.aufricht.de

Winzerhaus des Winzervereins Hagnau
Strandbadstr. 7, Tel. 07532/10 30
Mo.–Fr. 8.00–18.00, Sa. 9.00–16.00 Uhr
April–Okt. Sa. bis 18.00 Uhr
Weinproben Di. 19.00 Uhr (nach tel. Anm.)
www.wv-hagnau.de

Arbeiten, wo andere Urlaub machen: Die Rebstöcke bedürfen der pflegenden Hand des Winzers.

Wasser und Wein dicht an dicht

Das malerische Meersburg gilt als die größte Touristenattraktion am Dreiländersee. Schon die Dichterin Annette von Droste-Hülshoff ließ sich vom atemberaubenden Blick auf den See inspirieren. Ringsum reichen die Weinberge fast bis ans Wasser. Im Kontrast dazu steht Friedrichshafen, die Wirtschaftsmetropole, die als Einkaufs- und Messestadt punktet.

Vom Wasser aus ist Meersburg nochmal so schön anzuschauen.

01 MEERSBURG

Trutzig wacht die Meersburg über die Unterstadt, eine ehemalige Fischersiedlung, die 1526 zum Sitz der Fürstbischöfe von Konstanz aufstieg (heute 5600 Einw.). Die baufreudigen Kleriker des Barockzeitalters schufen die Grundlage für die märchenhafte ▶TOPZIEL Altstadt.

Sehenswert

1137 wird die „Merdesburch" erstmals schriftlich erwähnt. Die auch **„Altes Schloss"** genannte Meersburg könnte allerdings schon im 7. Jh. erbaut worden sein. Zwischen 1526 und 1750 bauten die Bischöfe allerlei an und um, bis sie schließlich ins Neue Schloss umzogen. Besucher betreten die Meersburg heute stilecht über eine Zugbrücke und gehen auf eine Reise in die Ritterzeit: Rüstungen und Schwerter, Ziehbrunnen und Burgverlies zeigt ein Gang durch das Burgmuseum. Schatz- und Folterkammer sowie Aussicht auf den See locken in den quadratischen Dagobertsturm, der in der Stauferzeit erbaut wurde (12./13. Jh.; nur mit Führung). Dort oben stand die Freiin Annette von Droste-Hülshoff und ließ sich den Wind durchs Haar wehen. Ihre Arbeitsräume in der Burg sind ebenfalls zu besichtigen (Öffnungszeiten Burgmuseum März–Okt. tgl. 9.00 bis 18.30, Nov.–Feb. 10.00–18.00 Uhr). Auftraggeber für das **Neue Schloss** waren die Konstanzer Fürstbischöfe. Nach Plänen von Balthasar Neumann wurde im frühen 18. Jh. mit dem Bau des Neuen Schlosses begonnen, 1762 war es fertig. Sehr eindrucksvoll: das Treppenhaus mit seinem schmiedeeisernen Gitter.

Museen

Im **Neuen Schloss** sind Räumlichkeiten für Tagungen, Feste, usw. sowie die Städtische Galerie untergebracht (April– Okt. tgl. 10.00–13.00, 14.00–18.00 Uhr). Im privaten **Zeppelin-Museum** kann man einiges über die „Fliegenden Zigarren" erfahren (Schlossplatz 8, März– Mitte Nov. tgl. 10.00–18.00 Uhr). Lassen Sie rasch noch alle Mitreisenden einen Tipp abgeben: Wie viel Wein fasst das größte Fass im **Weinbaumuseum**? Antwort: 50 000 Liter! (im ehem. Heilig-Geist-Spital, Vorburggase 11, April– Okt.

Di., Fr., So. 14.00–18.00 Uhr; Weinprobe mit Kellerführung April– Okt. Fr. 19.00 Uhr, Anmeldung erforderlich unter Tel. 07532/8 23 88 oder beim Tourismusbüro). Über die Stadtgeschichte informiert das **Stadtmuseum** zwar auch, besonders interessant ist aber die Ausstellung zum „Wunderheiler" Franz Anton Mesmer (April–Okt. Mi., Do., Sa. 14.00–17.00 Uhr). Originalmanuskripte aus der Feder der Annette von Droste-Hülshoff hat das **Droste-Museum im Fürstenhäusle** zu bieten, dazu Porträts der Dichterin, Biedermeiermöbel und eine exquisite Aussicht (April– Okt. Di.– Sa. 10.00–12.30, 14.00–18.00, So., Fei. 14.00–18.00 Uhr).

Aktivitäten

Saunieren, im Thermalwasser entspannen oder im Wildbach Kalorien abbauen, all das ist möglich in der Meersburg-Therme (Freibad Mitte Mai–Anf. Sept. tgl. 9.00–20.00 Uhr, Therme Mo.–Sa. 10.00–22.00, So., Fei. 9.00–22.00 Uhr).

Hotel

€€ In einem Fachwerkhaus im Herzen der historischen Altstadt liegt das Hotel **Drei Stuben**. Es verfügt über ein hauseigenes römisches Dampfbad (Kirchstr. 7, Tel. 07532/80 09-0, Fax 1367, www.3stuben.de).

Restaurant

€€/€€€ Frischen Bodenseefisch und regionale Weine serviert die Winzerstube **Zum Becher**. Sehr gemütlich: die holzgetäfelte Gaststube. An heißen Sommertagen ist die Weinlaube genau richtig (Höllgasse 4, Tel. 07532/ 90 09, www.winzerstube-zum-becher. de, Ruhetag: Mo.).

Information

Meersburg Tourismus
Kirchstr. 4, 88709 Meersburg
Tel. 07532/440-400, Fax 440-4040
www.meersburg.de

02 HAGNAU AM BODENSEE

Liebenswertes Weinbaudörfchen (1500 Einw.), das sonntags wie ausgestorben wirkt – wäre da nicht immer irgendwo ein Landwirt, bei dem man am Tor zum Weinkeller noch schnell Bodenseewein und frisches Obst einkaufen kann.

Sehenswert

Die **Kirche** St. Johann Baptist mit romanischem Turm wird bis zur nächsten Seegfröne ohne ihren Johannes auskommen müssen. Die 1729 barockisierte Kirche beherbergt eine gotische Madonna aus dem 15. Jh.

Aktivitäten

130 ha Weinbergfläche umgeben den Winzerort. Die schönsten Ecken findet man auf insgesamt 40 km **Traubenrundwanderwegen** und dem **Hagnauer Obst- und Weinwanderweg** (Karten bei der Touristinformation; **Wein-Einkauf** und Verkostungen siehe S. 63).

Hotel

€€/€€€ Die im italienischen Stil eingerichtete **Villa am See** liegt ruhig an der Seepromenade. Nur wenige Zimmer, daher frühzeitig reservieren! (Meersburger Str. 4, 88709 Hagnau, Tel. 07532/43 13-0, Fax 43 13-10, www.villa-am-see.de.).

Hotel/Restaurant

€€/€€€ **Zur Winzerstube** ist ein regionales Fischrestaurant mit schöner Terrasse unmittelbar am Wasser. Für Hotelgäste eigener Seezugang (Seestr. 1, Tel. 07532/63 50, www.zur-winzerstube.de).

Information

Tourist-Information
Seestr.16, 88709 Hagnau am Bodensee
Tel. 07532/43 43-43, Fax 43 43-30
www.hagnau.de

Infos

03 FRIEDRICHSHAFEN

Das wichtigste Wirtschaftszentrum am Bodensee ist zugleich eine der jüngsten Städte: 1811 gründete König Friedrich I. von Württemberg Friedrichshafen als seine Sommerresidenz. Heute besitzt der Überflieger unter den Bodenseestädten (58 800 Einw.) einen Flughafen, ein Messegelände und das Zeppelinmuseum.

Sehenswert

Die **Schlosskirche** war ursprünglich Teil eines um 1080 gestifteten Frauenklosters. 1695 bis 1701 wurde die im Dreißigjährigen Krieg zerstörte Kirche von Christian Thumb wieder aufgebaut. Nach der Säkularisierung funktionierte König Friedrich das leer stehende Kloster zum Schloss um, die Kirche wurde zur Schlosskirche. Die klare Architektur der Pfeilerbasilika steht in spannendem Kontrast zu den üppigen Stuckdekorationen (Mitte April–Okt. tgl. 9.00 bis 18.00, Mi. erst ab 14.30, Fr. nicht vor 11.00 Uhr, Sa. u. So. nicht am Vormittag).

Museen

Alles über die „fliegenden Zigarren" erfährt man im ▶TOPZIEL **Zeppelin-Museum**, die weltweit größte Schau zu Geschichte und Technik der Luftschifffahrt. Eine Etage widmet sich der Kunst, weil das Museum bei seiner Gründung 1869 als kunst- und kulturgeschichtliche Ausstellung konzipiert worden war. Beim Luftangriff 1944 wurden mit dem Haus alle Exponate vernichtet. Ab 1950 sammelte man von Neuem, mit Schwerpunkt auf der Kunst des 20. Jh.; herausragend die Arbeiten von Otto Dix, der lange Zeit am Bodensee lebte (Mai–Okt. tgl. 9.00–17.00, Nov.–April Di.–So. 10.00–17.00 Uhr). Im **Schulmuseum** werden heutige Pennäler erkennen, wie gut es ihnen geht: keine Rohrstöcke oder Eselsmützen mehr für die Ungehorsamen. Gezeigt werden Klassenzimmer aus den Jahren 1850, 1900 und 1930 (April bis Okt. tgl. 10.00–17.00, Nov.–März Di.–So. 14.00 bis 17.00 Uhr).

Viel Remmidemmi zu Wasser und zu Lande verspricht das Seehasenfest in Friedrichshafen.

Aktivitäten

Auf der **Zeppelinwerft** finden von Mitte April bis Okt. Di. und Fr. um 17.00 Uhr Führungen statt (Infos, auch zu Rundflügen unter Tel. 07541/59 00-343 oder www.zeppelinflug.de).

Stadtfest

Gleich mehrere Tage am Stück wird beim großen **Seehasenfest** (Mitte Juli) auf den Putz gehauen.

Hotel/Restaurant

€€/€€€ Das **Ringhotel Krone** besitzt ein großes Wellness- und Fitnessangebot, Tennis, Kosmetikoase mit Beauty-Anwendungen und Aromabädern. Im Restaurant frischer Fisch, Maultaschen und Wild (Untere Mühlbachstr. 1, Friedrichshafen-Schnetzenhausen, Tel. 07541/40 80, www.ringhotel-krone.de).

Restaurant

€/€€ Sehr gemütlich sitzt man im Wintergarten des **Kachlofe & Ofestüble**. Marktorientierte frische Saisonalküche (Manzeller Str. 30, Friedrichshafen-Schnetzenhausen, Tel. 07541/41692, www.kachlofe.de).

Umgebung

Natur und Kunst lohnen einen Besuch in **Eriskirch** (2 km südlich). Vor der gotischen Pfarr- und Wallfahrtskirche „Unserer Lieben Frau" (1370) stand hier schon seit dem 12. Jh. eine Kapelle. Berühmt ist die Kirche wegen ihrer Fresken (1410–1430): verblassende, aber immer noch ausdrucksstarke Szenen aus dem Alten Testament auf den Wänden von Chor und Langhaus. Auf den Schotterterrassen, die nach

der letzten Eiszeit vom Fluss Schussen aufgeschüttet wurden, wächst das Eriskircher Ried. Tausende Vögel, darunter der seltene Singschwan, finden in dem Schilfgürtel Schutz und Brutmöglichkeiten. Am schönsten ist das Ried Ende Mai/Anfang Juni, wenn die Sibirische Schwertlilie in einer tieflila Farbe blüht. Im Naturschutzzentrum erfährt man alles über das Ried und seine Bewohner (April– Sept. Di.–So. 14.00–17.00, Fr. auch 9.00–12.00, Okt.–März Di.–Do. 14.00–16.00, Fr. 9.00–12.00, Sa.,So., Fei. 14.00–17.00 Uhr; Führungstermine unter Tel. 07541/8 18 88).

Information

Touristinformation
Bahnhofplatz 2, 88045 Friedrichshafen
Tel. 07541/30 01-0, Fax 7 25 88
www.friedrichshafen.de

04 LANGENARGEN

Beschauliches Städtchen (7700 Einw.) abseits der B 31. 962 wurde eine Burganlage in „Arguna" erwähnt. Heute zieht das arabisch anmutende Schloss Montfort die Blicke auf sich.

Sehenswert

Als „herrliche Ruine" sah Annette von Droste-Hülshoff noch die 1343 erbaute **Burg Argen**. Etliche Fischer haben sich aber beim Bau ihrer Häuser aus den Steinen der ortsnahen Ruine bedient. 1861 baute König Wilhelm I. von Württemberg hier das völlig neue **Schloss Montfort** im maurischen Stil, mit fürstlich-gediegener Inneneinrichtung. Der auffallende Turm ist nur im Sommer zugänglich (Mitte April–Ende Okt. tgl. 10.00–12.00, 13.00–17.00 Uhr).

Museum

Im **Kunstmuseum** im ehem. Pfarrhaus gegenüber der Kirche werden u. a. Werke des bedeutendsten deutschen Matisse-Schülers Hans Purrmann (1880–1966) ausgestellt (April– Okt. Di.– So. 10.00–12.00, 14.00–17.00 Uhr, Führungen Mi. 10.00 Uhr).

Veranstaltungen

Schloss Montfort: **Langenargener Sommerkonzerte** (Mitte Juni– Mitte Aug. jeden Freitag; Info und Tickets bei der Touristinformation oder unter www.langenargener-sommerkonzerte.de).

Hotel

€/€€ **Im Winkel Garni**: Nette kleine Unterkunft in der Ortsmitte mit modernen, gut ausgestatteten Zimmern (Im Winkel 9, Tel. 07543/93 40 10, www.hotel-imwinkel.de).

Restaurant

€€ In **Schloss Montfort** wird ein Restaurant mit Räumlichkeiten für Bankette und Tagungen betrieben. Schöne Terrasse, sonntags Brunch (Untere Seestr.3, Tel. 07543/91 27 12, www.vemax-gastro.de).

Umgebung

Im Frühling versinkt **Kressbronn** (5 km östlich) im Blütenmeer der Obstbäume ringsumher. Himbeeren, Brombeeren, „Träuble" (so nennt der Schwabe die Johannisbeeren) und anderes Obst aller Art kann man zur Erntezeit frisch von der Straße weg kaufen. Bekannt ist die kleine Gemeinde auch für ihr Naturstrandbad (Mai bis Sept. tgl. bei guter Witterung ab 8.00 Uhr, Tel. 07543/50 06 99) und ihren Yachthafen, mit 2500 Liegeplätzen auf 20 ha der Größte am Bodensee. Hier sitzt die bekannte Bodan-Werft, in der etliche Bodenseefähren gebaut wurden. Die 1867 errichtete Kabelhängebrücke über die Argen zwischen Langenargen und Kressbronn soll als Vorbild für die Golden Gate Bridge in San Francisco gedient haben. Das Bodensee-Exemplar ist zwar deutlich kleiner, aber als eindrucksvolles Technikdenkmal einen Ausflug wert. Im Museum im Schlössle werden über ein Dutzend Bootsmodelle ausgestellt, gebaut von Ivan Trtanj, einem der besten Modellbauer weltweit (April–Okt. Di–So. 10.00 bis 12.00, 15.00–18.00 Uhr).

Information

Touristinformation
Obere Seestr. 2/1 , 88085 Langenargen
Tel. 07543/93 30 92, Fax 46 96
www.langenargen-tourismus.de

Leinen los!

Sonne, Wind und Wasser, dazu ein schnittiges Segelschiff, das elegant durch die Wellen gleitet – das verspricht wahren Urlaubsgenuss. Doch was tun, wenn man selber weder Boot noch Segelschein besitzt und Steuerbord nicht von Backbord unterscheiden kann? Einfach bei einem erfahrenen Skipper einen Törn buchen.

Der Bodensee als eines der schönsten Wassersportreviere von ganz Europa lockt jährlich Tausende Sportfans auf seine glitzernde Wasserfläche. Segelkurse können an jedem Yachthafen gebucht, Boote gemietet werden, auch Segeltörns sind möglich. In diesem Falle sorgt der Skipper selbst dafür, dass jeder Handgriff sitzt. Neulinge müssen keinerlei Voraussetzungen mitbringen – aber wetterfeste bequeme Kleidung und Schuhe mit hellen Sohlen. Auch Sonnenschutz ist empfehlenswert, denn auf dem Wasser brennt die Sonne doppelt stark.

Dann geht's los: Ein bisschen wackelig sind die ersten Schritte auf den Planken schon, doch sobald die Yacht den Hafen verlässt und Kurs auf den offenen See nimmt, Möwen den Mast umkreisen und der Wind kräftig in die Segel bläst, sind alle mulmigen Gefühle rasch vergessen. Dann bekommt man auch Lust, selber Hand anzulegen und, angeleitet vom Skipper, darf man auch mal Segel setzen und das Steuer übernehmen. Je nach Wind- und Wetterlage gehen die Touren von Kressbronn oder Langenargen bis hinüber nach Österreich oder die Schweiz.

Schnittig über den Bodensee

AUSWAHL ANBIETER

• **Wassersport Schattmaier**
Tagestörns mit abschließendem Barbeque im Hafen von Kressbronn
Im Wassersportzentrum 12
88079 Kressbronn-Gohren
Tel. 0800/724 28 86 (kostenfrei)
www.schattmaier.com

• **Match Center Germany**
halb- oder ganztags während der Ferien Mitsegeln auf Regattayachten, auch reine Frauencrews
Obere Seestraße 2
88085 Langenargen
Tel. 07543/ 961 83 31
www.match-center.de

Große Oper vor Seekulisse

Im Osten mündet der Alpenrhein in den Bodensee; von allen Zuflüssen spendet er dem See am meisten Wasser. Wie ein Amphitheater fassen grüne Berge die Wasserfläche ein. Der Pfänder, mit 1064 Metern höchster Berg am See, ist gleichzeitig der geliebte Hausberg der Bregenzer. Ihre Festspiele gehören mit zum Besten, was die Region kulturell zu bieten hat. Auf der deutschen Seite zieht die Inselstadt Lindau Gäste aus dem In- und Ausland an. Nachts erhellen 6000 Lampen den berühmten Hafen.

Bregenzer Festspiele: Jahr für Jahr ein großes Opernevent vor einer grandiosen Kulisse, zum Beispiel Verdis „Aida".

Im idyllischen Lindau bewacht der Bayerische Löwe seit 1856 die Hafeneinfahrt.

Lindaus Schokoladenseiten: die Skyline vor den Alpen (oben) und die Altstadt, hier ein Blick in die Maximilianstraße.

Gerade mal zehn Kilometer Bodensee-Ufer gehören zu Bayern. Und auch das erst seit 1805, als im Zuge der Napoleonischen Gebietsreformen der deutsche Südwesten einen neuen Zuschnitt erhielt. Nonnenhorn ist von Westen kommend die erste bayerische Gemeinde. Sie geht fast nahtlos ins malerische Wasserburg über, dann folgt Lindau, die Inselstadt.

IM BANNE DES LÖWEN

Geograf Sebastian Münster kreierte 1544 den Beinamen „Schwäbisches Venedig" für die Stadt auf der Insel. „Glückseliges Lindau", seufzte Hölderlin 200 Jahre später. Am Hafen laufen alle Fäden zusammen: Touristen, die mit Bahn oder Schiff ankommen, sammeln hier die ersten Eindrücke; Gäste, die im Auto anreisen, finden sich früher oder später hier ein. Lindaus Wahrzeichen ist der sechs Meter hohe Bayerische Löwe, der seit 150 Jahren in majestätischer Pose die Hafeneinfahrt bewacht. Im Rücken des Löwen tut sich so allerhand: Vor den Nobelhotels und Restaurants am Hafenplatz bieten fliegende Händler ihre Waren feil, mehr Kitsch als Kunst. Überall filmt und fotografiert das auffallend internationale Publikum. Dessen Lieblinge sind der Hafenlöwe und der 800 Jahre alte

Den Titel „Schwäbisches Venedig" hat Lindau bereits seit 1544 inne.

Mangturm, dessen Dach ein nicht alltägliches Zickzackmuster ziert. Kaum dunkelt es, flammen 6000 Lichter auf, und jetzt geht im Rücken des Löwen die Party richtig los. Dafür sorgen Seepromenade und Spielcasino, Luxusrestaurants und Szenekneipen.

SCHÄTZE UNTERM NETZ

Die Bodenseeregion mit ihrem milden Klima zählt zu den wichtigsten Obstanbaugebieten Deutschlands. Besonders

Wenn der Abend hereinbricht, beleuchten 6000 Lichter den Hafen. Rund um Mangturm (links) und Löwenmole wird es dann bis in die Nacht hinein in den Restaurants und Bars lebendig.

Entlang des Hafens reiht sich ein Lokal ans nächste. Besonders beliebt sind die Plätze direkt am Wasser.

Viele kleine Läden, Weinstuben und Cafés machen Lindaus Altstadt so attraktiv.

Das Nobelpreisträgertreffen

Die Lindauer Nobelpreisträgertagungen sind ein weltweit anerkanntes Forum für den Wissenstransfer zwischen Nobelpreisträgern und jungen Forschern.

Seit 1951 treffen sich Jahr für Jahr zwanzig bis dreißig Nobelpreisträger mit mehreren Hundert Studenten der Medizin, Physik und Chemie. Ziel der Initiatoren, Graf Bernadotte und zwei Lindauer Mediziner war es, die Isolation aufzubrechen, in die Deutschlands Forscher nach dem Zweiten Weltkrieg geraten waren. Niels Bohr besuchte schon das Treffen, Albert Schweizer, Konrad Lorenz und Werner Heisenberg. In Lindau, so wird bestätigt, sei die Atmosphäre recht familiär. Rund um die Veranstaltungen bleibe viel Zeit zum gegenseitigen Kennenlernen. Ein großer Vorteil, denn heute gelingt Forschung nirgendwo mehr im Alleingang.

dicht reihen sich die Apfel-, Birn- und Kirschbäume in der Gegend um Lindau aneinander. Die Obstbauern am Bodensee verweisen gern darauf, dass gut achtzig Prozent ihrer Äpfel im „integrierten Anbau" entstehen, bei dem Spritzmittel nur begrenzt eingesetzt werden. Doch nicht jeder Bauer, geplagt von schlechten Erträgen und hohen Auflagen beim Pflanzenschutz, hält sich an die strengen Spielregeln. Das zeigte ein Skandal im Jahr 2001, wo gegen über 120 Bodensee-Obstbauern ermittelt wurde, weil sie unerlaubte Chemikalien eingesetzt hatten. So manche Obstplantage sieht man mittlerweile unter Netzen versteckt – nicht um verbotenes Spritzen zu vertuschen, sondern um die Bäumchen vor Hagelschlag zu schützen, der angeblich in den vergangenen fünfzehn Jahren zugenommen hat. Äpfel mit kleinen Macken sind nämlich nicht mehr als Tafelobst zu verkaufen, sondern wandern in die Apfelpresse. Das mag manchem gar nicht als Schaden erscheinen, denn die Deutschen lieben Apfelsaft. Doch der wiederum stammt immer seltener von heimischen Apfelbäumen. Verarbeitet wird in den Fruchtsaftfabriken zunehmend Konzentrat, das aus Polen, der Ukraine, ja sogar aus China importiert wird, weil es sehr viel preisgünstiger ist. Darunter hat natürlich der heimische

Obstbau zu leiden, allen voran der extensive Streuobstanbau, das Gegenstück zur billigen Massenproduktion. So ist Erfindungsreichtum gefragt, wenn man eine lukrative Nische auftun möchte.

WELLENGEREIFTER SCHNAPS

Rupert Lehle, Obstbrenner aus Meckenbeuren, verschafft sich ein Alleinstellungsmerkmal auf ziemlich originelle Weise: Er schickt seinen Apfelschnaps 14 000 Kilometer weit hin und her über den Bodensee. Gut vertäut im Bauch der „MS Stuttgart" schaukeln pro Saison fünf Fässer mit je sechzig Litern zwischen Lindau und der Insel Mainau auf den Wellen. Dadurch, so Lehle, werden die Geschmacksstoffe rascher aus dem Eichenholzfass gelöst und der Schnaps altert fünf- bis sechsmal so schnell. Sogar patentieren lassen hat er sich sein Rezept, das seit 1994 als „Wellen-Apfelbrand" auf dem Markt ist. Ganz neu ist die Idee allerdings nicht: Auch die Norweger pflegen ihren Schnaps übers Meer zu schicken. Erst dadurch wird daraus ein echter Aquavit.

DER HÖCHSTE BERG AM SEE

Schaut man von Lindau Richtung Bregenz, sieht der Pfänder keineswegs spektakulär aus. Obwohl mit 1064 Metern der höchste Berg am See, kann es sein breiter Rücken an Schönheit und

Der äußerste Zipfel des Sees gehört zum österreichischen Bundesland Vorarlberg. Nahe Dornbirn gräbt sich die Rappenlochschlucht tief ins Gestein.

Hauptstadt von Vorarlberg ist Bregenz und dessen Hausberg der Pfänder. Die einen stürmen zu Fuß den Gipfel, die anderen mit der Seilbahn.

Der Schriftsteller Martin Walser wuchs in Wasserburg auf. Die ehemalige Insel zählt zu den schönsten Orten am ganzen See.

Pracht mit den schneebedeckten Alpenriesen am Horizont nicht aufnehmen. Dafür ist der Pfänder ein einladender Berg: Der eine besteigt ihn zu Fuß, andere radeln schnaufend bergan, und wer die bequemste Lösung wählt, lässt sich von der Pfänderbahn in sechs Minuten in die luftigen Höhen tragen. Oben angekommen, breitet sich der Bodensee in seiner gesamten Länge und Pracht aus, eine spiegelglatte blaue Ebene, am Westende von weiß-blauen Schleiern verhüllt. Zur Rechten schiebt sich Lindau grün und weiß in den See hinein. Zur Linken breitet sich ein Häusermeer aus – das dicht besiedelte Tal des Rheins, der sich südwestlich von

Bregenz in den See ergießt. Tief im Süden glänzt bei gutem Wetter das Rätikon mit der Schesaplana (2967 m) als höchstem Gipfel. Im Alpenwildpark auf dem Pfänder stehen Steinböcke und wiegen ihr schweres Gehörn träge in der Morgensonne. Jedes Jahr Anfang Mai toben wenige Tage alte Tierkinder herum und machen ihren Eltern, ob Muffel-, Dam- oder Steinwild, mit fidelen Bocksprüngen die Gunst der Zuschauer streitig.

SCHLUCHT DER GIGANTEN

Am Südende der Stadt Dornbirn wühlt sich die Dornbirner Ach durchs Gebein der Berge. Vom „Gütle" aus brechen wir

Bregenz besitzt eine ganze Reihe von interessanten Beispielen für moderne Architektur. Ein Höhepunkt ist das Kunsthaus.

Bregenz geizt nicht mit seinen Sonnenseiten.

Bregenz: idyllische ruhige Oberstadt, urban-moderne Unterstadt, und darüber der Pfänder.

in die Rappenlochschlucht auf, zu einem der spektakulärsten Spaziergänge im Bodenseeraum. Der Wanderweg ist hervorragend ausgebaut – ein bewundernswertes Unterfangen in dieser engen Klamm. Festes Schuhwerk ist trotzdem zu empfehlen, auch wenn alles zunächst ganz harmlos beginnt: Ein Schotterweg, der langsam ansteigt, rechterhand schwallt und rauscht die Ach über eine Gesteinsstufe. Eine Biegung weiter passieren wir eine Spalte in der Felswand und finden uns in einem wahren Höllenschlund wieder. Die Felswände rücken eng und immer noch enger zusammen, sperren das Tageslicht fast aus. Zerstäubendes Wasser flirrt glitzernd im letzten Sonnenstrahl. Dunkel öffnet sich ein knapp mannshoher Tunnel in einer Felswand, den wir erst langsam, dann immer schnelleren Schrittes durchqueren, bis wir aufatmend das Ende der Klamm erreichen. Riesige Felsblöcke legen sich dem gurgelnden Wildbach in den Weg, hoch oben abgebrochen und herabgedonnert. Hoffentlich hält das Gestein wenigstens heute noch ... Jetzt müssen wir nur noch eine steile Holztreppe hinauf, um die Oberwelt und einen idyllischen See zu erreichen. Dort warten Bänke und Vesperplätze. Wer auf den Geschmack gekommen ist, kann nach der Rast auch noch die Alplochschlucht durchqueren.

STADT MIT ZWEI ZENTREN

Bregenz: eine lockere Häuseransammlung, mit viel Grün durchsetzt, von den Flanken des Berges bis an den See. Vom Pfänder gesehen, fragt man sich vergeblich, wo denn das Zentrum von Bregenz ist. Rund um den Hafen? Oder dort auf dem Hügel, wo Kirchturmspitzen einen Akzent setzen? Beides ist richtig. Die Oberstadt ist der ältere Teil, der auf eine keltische Siedlung zurückgeht, die seit dem vierten Jahrhundert vor Christus hier bestand. Heutiges Wahrzeichen der Altstadt ist der Martinsturm, dessen mächtige Zwiebelhaube so dicht mit Schindeln bedeckt ist wie ein Fisch mit Schuppen. Sein Unterbau wurde im 13. Jahrhundert errichtet, zu einer Zeit, als sich die Stadt schon mehr und mehr zum See hin ausbreitete. Heute darf man die alte Oberstadt als ruhig und idyllisch bezeichnen, ja fast schon verschlafen, während die Unterstadt als urbanes Zentrum gilt, wo Kunsthaus und Festspielhaus die Blicke auf sich ziehen. 2010 eröffnete der neue Hafen mit Sunset-Sitzstufen am Wasser für die sonnenhungrigen „Landratten", Café und Promenade. Mit das Schönste an Bregenz: Der Pfändertunnel, der 1980 einröhrig eröffnet wurde, zieht den gesamten Durchgangsverkehr von der Innenstadt ab. Bis die zweite Röhre fertig ist, wird es noch ein paar Jahre dauern.

Infos

Wo Berge den See berühren

Lindau besitzt mit den schönsten Hafen am See. Ein prächtiger Löwe überwacht die Einfahrt und blickt sinnend gen Süden, auf schneebedeckte Alpengipfel. Bei Bregenz kommen die Berge dem Wasser zum Greifen nah. Dank der Pfänderbahn ist es ganz einfach, die Luft der Gebirgshöhen zu schnuppern und das Schwäbische Meer von oben zu betrachten. Auf den nahen Bergwiesen fühlen sich auch die Kühe wohl – und liefern den Rohstoff für die Käsespezialitäten der Region.

01 WASSERBURG

Wie Lindau war auch Wasserburg einst eine Insel. Hier brachten sich im 10. Jh. viele Mönche vor den Hunnen in Sicherheit. Doch dann schütteten die Fugger 1720 den Seegraben zu, weil ihnen die Instandsetzung der Brücke zu teuer erschien. Mit seinem Kirchlein und dem weißen Schloss gehört Wasserburg (3 400 Einw.) zu den malerischsten Flecken am See.

Museum

Fischerei und Stadtgeschichte, dazu die alten Gefängniszellen, sind im **Museum im Malhaus** zu sehen. Der Name „Malhaus" hat nichts mit Malen zu tun, vielmehr waren darin die „Schlechten" (lat. malus = schlecht) eingesperrt. Bei den Wasserburger Hexenprozessen (1656–1664) wurden hier über zwanzig Menschen gefangen gehalten, gefoltert und die meisten verbrannt (Di.–So. 10.30–12.30, Mi., Sa., So. auch 14.30–17.00 Uhr).

Aktivitäten

Wem das Bodenseewasser zu kalt sein sollte, der kann ins Freibad **„Aquamarin"** ausweichen, das über ein beheiztes Becken am See, eine Sauna und ein Spieleland verfügt (ab Mai tgl. 10.00–18.00, Juni 9.30–19.00, Juli–Aug. 9.30–20.00, Sept. 10.00–19.00 Uhr).

Umgebung

In **Nonnenhorn** (2 km westlich) beginnt Bayern. Den einzigartigen Charakter Nonnenhorns als Obst- und Weinbaugemeinde bezeugt die Torkel (1591) in der Mitte des Dorfes, die älteste erhaltene Weinpresse am Bodensee. Alle sieben Jahre findet in Nonnenhorn der Schäfflertanz statt, das nächste Mal 2012. Sehenswert ist die Kapelle St. Jakobus (15. Jh.; Ortsmitte). Hier machten die Pilger einst auf dem Weg nach Santiago de Compostela Station. Heute ist die wertvolle Innenausstattung einen Besuch wert, aber auch das Gesamtensemble mit Kirchlein, Baum, Brunnen und den Findlingen, die zum Gedenken an die Seegfrörne 1880 aufgestellt wurden.

St. Georg in Wasserburg mit Zwiebelturm

Information

Touristinformation
Lindenplatz 1, 88142 Wasserburg
Tel. 08382/88 74 74, Fax 8 90 42
www.wasserburg-bodensee.de

02 LINDAU

Der Name Lindau leitet sich vom Chorfrauenstift „Unserer Lieben Frau unter den Linden" ab, das schon ab dem 9. Jh. bei der Ufersiedlung Aeschach bestand. Lindaus Kaufleute zeichneten sich durch Cleverness aus: Sie machten die Stadt zu einem Umschlagplatz für Waren aller Art und richteten eine Handelslinie ein, den Mailänder Boten, der sich bis nach Oberitalien erstreckte und Lindau aufblühen ließ. 1805 fiel der Ort an Bayern und ist heute einer der beliebtesten Ziele (25 000 Einw.)

Sehenswert

Berühmt ist die ▶TOPZIEL **Hafeneinfahrt** mit Leuchtturm und **10** Löwe (1853–1856). Der **11** Neue Leuchtturm, Gegenpol des Löwen, gilt als hervorragender Aussichtspunkt. Der **09** Mangturm (13. Jh.) wird auch Alter Leuchtturm genannt, war aber tatsächlich einst Teil der Stadtmauer, die 1811 abgerissen wurde. Mit besonders prächtigen Wandmalereien zur Lindauer Geschichte versehen ist das **08** Alte Rathaus (um 1430, umgebaut 1578) am Bismarckplatz. 1496 tagte im gotischen Saal der Reichstag. Kirchen finden sich auf der kleinen Insel gleich drei: Die älteste, **05** St. Peter am Schrannenplatz (11. Jh.), sollte man wegen des Freskos „Lindauer Passion" (um 1480) von Hans Holbein d. Ä. besuchen. Auf das 12. Jh. geht **02** St. Stephan zurück, die evangelische Stadtpfarrkirche. Nach dem Stadtbrand von 1728 wurde die **03** Stiftskirche Maria Himmelfahrt von Giovanni Bagnato im spätbarocken Stil neu aufgebaut. Der **06** Diebsturm

neben der **Peterskirche**, am höchsten Punkt der Insel, war einst Teil der Stadtmauer, diente lange Zeit als Gefängnis und wird heute allmählich vom Efeu verschlungen. Am meisten los ist in der **07** Maximilianstraße: Die hübschen Laubengänge beherbergen zahlreiche Boutiquen, Restaurants und Cafés. Das erste Gebäude auf der linken Seite, wenn man von der Neuen Seebrücke her auf die Insel fährt, ist die **01** Spielbank (So.–Do. 15.00–2.00, Fr., Sa. bis 3.00, Automatenspiel schon ab 12.00 Uhr). Voraussetzungen: 21 Jahre, Personalausweis oder Pass, gepflegte Kleidung). An einigen skandalträchtigen Mesalliancen mangelte es auch dem bayerischen Adel nicht. Im **Lola-Montez-Schlösschen** im Stadtteil Aeschach soll zeitweise Lola Montez gewohnt haben, die Geliebte des bayerischen Königs Ludwig I.

Museen

Viele herrlich bemalte Häuser zieren Lindau, doch das **04** Haus zum Cavazzen (1728/1729) gilt als Juwel unter ihnen. Hier präsentiert das **Stadtmuseum** seine Schätze, darunter eine Sammlung mechanischer Musikinstrumente (April–Okt. Di.–Fr. 11.00–17.00, Sa. 14.00–17.00, So. 11.00–17.00 Uhr). Nobelvillen gibt es im Ortsteil Bad Schachen, seit Lindau 1848 die Rolle als Sommerresidenz der Wittelsbacher zufiel. In der Villa Lindenhof wird weniger dem Mammon gefrönt als dem Frieden: Das **Friedensmuseum** in der Villa Lindenhof im Lindenhofpark möchte Denkanstöße für friedliche Konfliktbewältigung geben (Mitte April–Mitte Okt. Di.–Sa. 10.00–12.00, 14.30 bis 17.00, So. nur 10.00–12.00 Uhr).

Kultur

Die Lindauer **Marionettenoper** für Erwachsene spielt ganzjährig im Stadttheater (Ticket-Hotline 01805 5040 300).

Hotel

€€€/€€€€ Hotel **Relais & Châteaux Villino** ist ein im mediterranen Stil ansprechend eingerichtetes, lobenswert geführtes Haus (Hoyerberg 34, 88131 Lindau, Tel. 08382/93 45-0, Fax 93 45-12, www.villino.de).

Restaurant

€€/€€€ Der rustikale Gasthof **Alte Post** mit Biergarten auf der Insel bietet in gemütlichen Räumen regionale Küche und diverse Bodenseefischgerichte (Fischergasse 3, Tel. 08382/ 93 46-0, www.alte-post-lindau.de).

Information

Pro-Lindau-Touristinformation
Ludwigstr. 68, 88131 Lindau
Tel. 08382/26 00-30, Fax 26 00-26
www.lindau-tourismus.de

Infos

03 BREGENZ

Unter den Römern stieg „Brigantium" zum Kriegshafen auf. 1805 bis 1814 war die Stadt kurzzeitig bayerisch. Heute ist Bregenz (27 000 Einw.) Landeshauptstadt von Vorarlberg.

Kultur

Im Schnittpunkt der vier Länder Österreich, Schweiz, Deutschland und Liechtenstein gelegen, gilt Bregenz als wichtige Kulturmetropole. Dazu tragen seit 1946 nicht zuletzt die international renommierten **Bregenzer Festspiele** bei. Die Opern- und Musicalinszenierungen genießen einen hervorragenden Ruf (Ticket-Hotline 0043/5574/4076, wwww.bregenzerfestspiele. com).

Sehenswert

Angeblich trägt der **Martinsturm** (1599–1602) in der Oberstadt die größte Zwiebelhaube Mitteleuropas. Er ist das Wahrzeichen von Bregenz. Im Turm, von dem man eine gute Aussicht hat, ist ein militärgeschichtliches Museum untergebracht. Genau auf der anderen Seite des Thalbachs liegt die **Pfarrkirche St. Gallus** (14./15. Jh.). Anton Beer gestaltete die Kirche im 18. Jh. um. Der Hochaltar mit dem Bären des Heiligen Gallus (1740) zieht alle Blicke auf sich. Von einer Mauer eingefasst ist das **Kapuzinerkloster** mit Kapuzinerkirche (1636). Einkaufen, am See flanieren, im Straßencafé plaudern, all das ist in der **Unterstadt** angesagt. Im Westteil der Stadt liegt recht idyllisch **Kloster Mehrerau**, das noch heute von Zisterziensermönchen bewohnt ist. Die Brüder in der berühmten Wallfahrtskirche Birnau gehören übrigens zum Kloster Mehrerau.

Tipp

Schnäppchen

Der Nobelhersteller von Seidenstrümpfen und Damendessous Wolford hat seinen Firmensitz in Bregenz. Seidenstrümpfe, Badeanzüge, Bodys, neuerdings auch Röcke und Hosen stellen im regulären Handel die Mercedesklasse dieser Bekleidungsgattung. Wolford-Boutiquen finden sich von Baden-Baden bis zur Madison Avenue in New York und in der Rue St. Honoré in Paris. Wer es etwas preiswerter haben möchte, kann sich im Fabrikverkauf des Stammwerkes in Bregenz eindecken.

Wolfordstr. 1, Tel 0043/55 74/69 05 03
Mo.–Fr. 9.00–19.00, Sa. bis 16.00 Uhr

Bei der Talfahrt mit der Pfänderbahn fühlt man sich, als wäre man im Landeanflug auf den See.

Museen

Unübersehbar ist der Kubus des **Kunsthauses**, nicht weit vom Seeufer entfernt. Seit 1997 wird hier zeitgenössische Kunst ausgestellt (Di.–So. 10.00–18.00, Do. bis 21.00 Uhr). Einblick in die Vorarlberger Landesgeschichte gibt das **Vorarlberger Landesmuseum** (bis 2013 geschl.).

Ausflüge

Auf den Bregenzer Hausberg, den **Pfänder** (1064 m), kommt man bequem mit der Pfänderbahn (tgl. 8.00–19.00 Uhr, www.pfaenderbahn.at). Die Talstation beherbergt das Pfänderbahnmuseum. An der Bergstation kann man durch den Alpenwildpark schlendern (ganzjährig geöffnet) und die Adlerwarte besuchen (Greifvogel-Flugschau Vorführungen Mai–Sept. tgl. 11.00 u. 14.30 Uhr).

Hotel/ Restauraant

€€/€€€ Hotel **Messmer** gehört zu den modernen Stadthotels; den Tag ausklingen lassen kann man in der Weinstube (Kornmarktstr. 16, Tel. 0043/5574/423 56-0, Fax 42 35 66, www. hotel-messmer.at).

€€€ Das **Deuring Schlössle** in der Oberstadt genießt einen guten Ruf als Gourmetrestaurant. Schöne, individuell eingerichtete Zimmer (So. Ruhetag, Ehre-Guta-Platz 4, Tel. 0043/ 55 74/478 00, www.deuring-schloessle.at).

Information

Tourismus und Stadtmarketing
Bahnhofstr. 14, A-6900 Bregenz
Tel. 0043/5574/42 52 50, Fax 42 52 55
www.bregenz.at

04 DORNBIRN

Dornbirn (45 000 Einw.) ist die bevölkerungsreichste Stadt Vorarlbergs, noch vor Bregenz. Die Museen und Geschäfte der modernen Wirtschaftsmetropole lohnen durchaus einen Abstecher ins Hinterland.

Museen

Im Stadthaus am Marktplatz wird im **Stadtmuseum** eine preisgekrönte Ausstellung gezeigt: Stadtgeschichte, nicht überfrachtet, sondern angenehm portioniert in übersichtlichen, ästhetisch gelungenen Vitrinen und Schautafeln (Di.–So. 10.00–12.00, 14.00–17.00 Uhr). Für Liebhaber chromblitzender Nobelkutschen lohnt das **Rolls-Royce-Museum**. In der sog. „Hall of Fame" stehen Queen Mum's Paradewagen und Diktator Franco's „RR" im Kreise von insgesamt 20 berühmten Karossen einträchtig nebeneinander (Ortsteil Im Gütle, April–Okt. Di.–So. 10.00 bis 18.00, Nov.–März bis 17.00 Uhr). Gegenüber, im Gütle 11, zeigt das **Krippenmuseum** seine Schätze, die weit über Maria und Josef, Ochs und Esel hinausgehen. Bei Krippen war und ist der Fantasie keine Grenze gesetzt, das zeigen die Exponate aus Afrika, Lappland oder China, natürlich auch die aus dem europäischen Raum (Di.–So. 10.00–17.00 Uhr).

Hotel

€€ **Berghof Fetz** liegt am Bödele, einem der schönsten Aussichtspunkte in Vorarlberg. Mit Restaurant und Felsenkeller (Mo. Ruhetag. Bödele 574, A-6850 Dornbirn-Bödele, Tel. 0043/ 5572/77 40-0, www.berghoffetz.at).

Umgebung

Im Ortsteil Gütle bietet sich der perfekte Einstieg in die spektakuläre **Rappenlochschlucht**. Man kann das Auto auf den Parkplätzen neben dem Krippenmuseum stehen lassen und von dort dem markierten, gut ausgebauten Wanderweg folgen. Festes Schuhwerk empfohlen! So wie das **Bödele** (10 km östlich) stellt man sich Almen vor: Sonne, duftende Bergkräuter, Blick auf schneeweiße Gipfel; das Naherholungsgebiet am Losenpass (1140 m) lockt im Sommer Wanderer aus der Stadt, im Winter laufen zahlreiche Ski-Lifte. Rund ums Bergdorf **Ebnit** (10 km südlich) gibt es die Möglichkeit, im Hochseilgarten zu klettern (Tel. 0043/5572/249 43 79 oder www.innovent.at), sich ins Canyoning-Abenteuer zu stürzen (Tel. 0043/664/220 79 27 oder www.canyoning-team.com) oder – etwas bequemer – Ausritte mit Islandpferden zu unternehmen (Tel. 0043/5572/306 45 00). Mit der seit 2000 Jahren ständig verfeinerten Mühlentechnik befasst sich

Tipp

Natur erforschen

Mit verstaubten Tierpräparaten und langweiligen Schaukästen hat die Erlebnis-Naturschau „inatura" in Dornbirn nichts zu tun. Auf mehr als 3000 m² Ausstellungsfläche vertieft man sich mehr forschend als passiv betrachtend in die Lebensräume der Region und Naturphänomene aller Art. 3-D-Videoprojektionen, Lichteffekte, interaktive Spiele – hier werden alle medialen Register gezogen. Besonders spannend: Unterwasserkino. Einmalig vielfältig: die Mineraliensammlung. Mit Restaurant, Museumshop und Bibliothek.

Öffnungszeiten tgl. 10.00–18.00 Uhr
Dornbirn, Jahngasse 9, www.inatura.at

Stoffels Sägemühle (25. April–Okt. tgl. 9.00 bis 18.00 Uhr). Der Rhein spielt für den Bodensee eine ganz erhebliche Rolle; viel Wissenswertes über den alten Vater Rhein ist im Museum Rhein-Schauen versammelt (Mai–Okt. Mi., Fr. bis So. 13.00–17.00 Uhr und nach Vereinbarung, Tel. 0043/5577/205 39).

Information

Dornbirn Tourismus
Rathausplatz 1
A-6850 Dornbirn
Tel. 0043/5572/221 88, Fax 312 33
www.dornbirn.at

DuMont Aktiv

Mit dem Rad um den See

Wenig Steigungen, gut ausgebaute Radwege, eine Strecke in herrlicher Landschaft haben den Bodensee-Radweg zum beliebtesten Fernradweg Europas gemacht. Außer kulturellen und landschaftlichen Reizen bietet er in der warmen Jahreszeit ein besonderes Vergnügen: wenn es zu heiß wird, einfach abkühlen im See!

Warum nicht mit dem Rad um den Bodensee? Die Strecke ist nicht allzu anspruchsvoll, dafür landschaftlich herrlich. Genussradler rechnen acht Tage für die Umrundung, sportliche schaffen es locker in vier Etappen. Da es so viele Sehenswürdigkeiten gibt und der See dazu verlockt, auch mal einen Tag im Strandbad zu vertrödeln, sollte man ein komfortables Zeitpolster einplanen. Ein normales City- oder Trekkingrad genügt völlig: Die Radwege verlaufen ganz in der Nähe des Ufers und sind häufig asphaltiert. Nur kurze Teilstrecken führen

Steigungen sind Mangelware.

über Autostraßen. Die meisten Radler umrunden den See im Uhrzeigersinn, damit sie nicht die Straße zwischen sich und dem See haben.

TOUR DURCH DREI LÄNDER

Und wenn dann doch die Kondition versagt, einfach ein Stück mit dem Schiff fahren. Insgesamt ist die Infrastruktur in den drei Gastgeberländern vorzüglich: Unterkünfte und Einkehrmöglichkeiten gibt es zuhauf. Dank dichtem Bahn- und Busnetz und Fahradverleihstationen lässt sich die Tour beliebig stückeln.

Pause machen direkt am See

WEITERE INFORMATIONEN

· **Streckenlänge:** ca. 270 km, ca. 4 bis 8 Etappen.
· **Beschilderung:** Logo: schwarzer Radler mit blauem Hinterrad – Karte mitführen empfiehlt sich aber trotzdem!
· **Startpunkt** für Bahnreisende: Konstanz, Lindau, Bregenz

· **Unterkunft:** im Juli/August unbedingt vorab buchen!
· **sontiges:** Personalausweis für Grenzübertritte (Schweiz) bereithalten. Hinweise zu Radwanderkarten, Unterkunft und Organisation eines Gepäckservices unter *www.bodensee-radweg.com*

Dolce Vita am Strand

Anders als das Nordufer scheint die Schweizer Seite des Bodensees noch nicht vom Tourismus überrannt. Ein bisschen Dolce Vita am Strand, ein bisschen Träumen an den Uferpromenaden, Flanieren in den malerischen Städten – alles geht hier seinen wunderbar gelassenen Gang.

Im Niemandsland ist man aber keineswegs angekommen, bürgt die Schweiz doch für hervorragende Restaurants, gediegene Weine, köstlichen Käse und Kulturdenkmäler von Weltruf wie die Stiftsbibliothek zu St. Gallen oder das Napoleonschloss Arenenberg.

Donnernd stürzt sich der Rhein bei Schaffhausen in die Tiefe. Schon Goethe staunte beim Anblick des größten europäischen Wasserfalls.

Blick auf die Benediktinerabtei St. Gallen von außen ...

... und von innen. Meisterhafte Stuckreliefs zieren die Stiftskirche.

Eine andere Art von Überschwang feiert das Hundertwasserhaus in Altenrhein bei St. Gallen.

Eine Schatzkammer voller Bücher

Die Stiftsbibliothek St. Gallen ist die älteste Bibliothek der Schweiz und zugleich eine der ältesten und größten Klosterbibliotheken der Welt.

Von außen wirkt der Bau wenig spektakulär. Durch ein nüchternes Treppenhaus erreicht man den ersten Stock – und tritt in einen überwältigenden Raum, den bernsteinfarbenes Licht durchflutet. Alles ist über und über mit herrlichen Schnitzereien und Gemälden versehen, der Fußboden ein wahres Meisterwerk der Intarsienkunst. Darüber wölbt sich ein barocker Himmel aus Stuck und Farbe. Hinter vergitterten Regalen stehen 30 000 Bücher: religiöse Literatur, Werke aus Kunstgeschichte, Musik, Medizin und Jura. Insgesamt besitzt die Bibliothek 150 000 Bände. Größter Schatz sind jedoch die rund 2000 Original-Handschriften, darunter eine Version des Nibelungenliedes (datiert auf ca. 1270) und der berühmte St. Galler Klosterplan (um 820). Mönche ha-

Kostbare Handschriften unter Glas

ben einst mit spitzer Feder auf Pergament herrliche Kunstwerke geschaffen: Buchstabe für Buchstabe von Hand geschrieben, Psalter, Evangeliare und Codices mit Bildern versehen und mit zierlich geschnitzten Bucheinbänden. Heute zählt die Stiftsbibliothek zum Welterbe der UNESCO.

Im Jahre 612 machte sich Gallus auf, um in der Wildnis eine Mönchszelle zu gründen. Doch wo den Grundstein legen? Der Wald war groß, ein grüner Dschungel voller Gefahren. Am Steinachtobel unterlief dem berühmtesten Mönch des Bodensees ein Missgeschick: Er stolperte und fiel in die Dornen. Dornen! Das wertete der fromme Mönch als Fingerzeig Gottes, genau hier seine Klause zu errichten. Der Plan stieß bei seinem Gefährten Hiltibod auf wenig Gegenliebe. „Diese Einöde ist rau und nass, hat hohe Berge und enge Täler und vielfaches Wildgetier", warnte er den Gallus. Und es kam, wie von Hiltibod vorhergesehen: Eines schönen Tages, so erzählt die Legende, traf der Mönch beim Holzsuchen in der Wildnis auf einen Bären, der sich grimmig vor dem Menschlein aufrichtete. Doch mit göttlichem Beistand zähmte Gallus das Tier, das ihm daraufhin sogar beim Holzholen behilflich war. Der Bär, mit einem Baumstamm unterm Arm, ist das beliebteste Bildmotiv der Galluslegende geworden. Nach Gallus' Tod errichtete man über seinem Grab ein Kloster, das rasch ein berühmter Wallfahrtsort und später eine mächtige Abtei wurde. Heute gilt St. Gallen mit seinen verwinkelten Gässchen und prächtigen Häusern als eine der schönsten Einkaufsstädte weit und breit.

Der Römerhof zu Arbon, einst Teil der Stadtbefestigung, ist heute ein Gasthof.

Von Romanshorn starten die Bodenseefähren nach Friedrichshafen und Konstanz.

ST. GALLENS HAUSBERG

Ein Zwilling des Nordufers ist die Schweizer Seite nicht. Zwar locken alle Arten von Wasserfreuden entlang dem Bodensee oder das Hinterland mit lieblichen Wiesen, Obstbäumen und Kuhglockengeläut. Und auch die Altstadt von Stein am Rhein ist wunderschön. Doch es fehlt der überwältigende Blick auf das Gewässer mit Alpenkulisse. Unmittelbar am See hat sich viel Industrie angesiedelt – touristisch interessant wird es erst wieder im Schatten der Berge, im Appenzellerland oder in St. Gallen. Wer das Gebirge liebt, sollte sich den 2502 Meter hohen Säntis nicht entgehen lassen. Zu einzigartig ist der Rundblick von hier oben auf den See und die zackig-weißen Kronen der Viertausender, darunter Eiger, Mönch und Jungfrau. Bei Föhn sieht man sogar das Ulmer Münster. Wer keine gute Kondition hat – die braucht man für den Gipfelsturm unbedingt! –, kann mit der Säntisbahn von der Schwägalp aus bequem zum Gipfel schweben, über Murmeltiere und Gämsen hinweg, und aus 2473 Meter Höhe auf das Appenzellerland hinabsehen.

BESUCH IN ARBON

„Glücklicher Baum", arbon felix, nannten die Römer das Städtchen am Nordufer des Bodensees. Inwieweit die hiesigen Bäume glücklich sind, muss offen bleiben. Als Besucher kann man hier indes unzweifelhaft sehr schöne Tage verbringen. Die malerische Altstadt thront auf einem kleinen Hügel, an dessen Fuß sich die kilometerlange Seepromenade entlangschlängelt. Enten, Schwäne und Flaneure ergehen sich hier nahe der Altstadt, ans Westende der Promenade hingegen zieht es eher Familien mit Kindern. Dort erstreckt sich gleich neben dem eingezäunten Freibad das weitläufige Strandbad mit vielen Grillstellen und Bänkchen, dazu ein Restaurant mit riesiger Terrasse. Dank Selbstbedienung und erschwinglichen Preisen treffen sich hier auch gern junge

Die Alpen zu erstürmen wird auch am Säntis sehr leicht gemacht: Die Säntisbahn trägt Bergfreunde im Nu hinauf in die Höhe, wo sich ein herrliches Wandergebiet öffnet.

Lohnt einen Besuch unbedingt: das jährliche Sandskulpturfestival in Rorschach.

Stein am Rhein ist berühmt für seine schmucke Altstadt. Hier die Bürgerhäuser mit ihren Prachtfassaden.

Hingucker in Steckborn: der Turmhof mit seinen vier extra-spitzigen Ecktürmchen. Unter dem ungewöhnlichen Dach residierten einst die Äbte der Reichenau, heute stellt hier das Ortsmuseum aus.

Rathausbrunnen in Stein am Rhein vor dem 1542 erbauten Rathaus

Leute. Mädchen in knappen Bikinis und sonnengebräunte Jungen spielen Beachvolleyball, später kühlt man sich im Bodensee ab, nebenan brutzeln schon die Würstchen und Steaks auf dem Grill. Bis spät am Abend herrschen hier Trubel und gute Laune.

Ganz früh am Morgen, wenn noch der Tau auf den Wiesen funkelt und die Feriengäste schlafen, machen die Schweizer ihrem Namen als Weltmeister der Sauberkeit alle Ehre: Dann kontrolliert eine vierköpfige Putzkolonne jeden Mülleimer, jedes Bänkchen und jede erlaubte wie verbotene Feuerstelle und schafft penibel Ordnung. Glückliches, gepflegtes Arbon!

ARKADIEN AM BODENSEE

In nobler Halbhöhenlage mit Blick auf die Insel Reichenau thront Arenenberg. Hohe Bäume, Wiesenflächen und blumengeschmückte Anlagen umgeben das Schloss, das an goldenen Sonnentagen wie ein Abglanz Italiens wirkt. Von 1817 bis 1837 beherbergte das schönste Schloss am Bodensee Hortense de Beauharnais, Stieftochter Napoleons aus der ersten Ehe seiner Frau Josephine Beauharnais. Hortense wurde mit Napoleons Bruder Louis Bonaparte verheiratet, dem sie drei Kinder gebar. 1815, als Napoleons Reich unterging, flüchtete Hortense zunächst nach Konstanz und kaufte dann 1817 Arenenberg. Louis Na-

poleon wuchs hier auf, ihr jüngster Sohn, der von 1852 bis 1870 als Kaiser Napoleon III. Frankreich regieren sollte. Hortense lebte mit einigen Unterbrechungen am Bodensee. Auf Arenenberg, getrennt von ihrem Mann, verbannt und fern der Heimat, widmete sie sich ihrem nächsten Umfeld: Sie malte viel, baute das Anwesen um und legte einen wunderschönen Landschaftsgarten an, der mediterranes Flair an den Bodensee trug. Heute ist das Schloss ein Museum. Die Großen Frankreichs aus dem 19. Jahrhundert blicken, in Öl gemalt, mit ernsten Mienen von den Wänden, die Möbel – Stil Louis XVI. und Biedermeier – sind original erhalten. Bei den

Ganz dem Wasser verpflichtet: Bis zum See zieht sich die Wehrmauer Schaffhausens (rechts). Unweit davon zieht der Rheinfall viel Publikum an. S. 91: Gottlieben war einst ein Fischerdorf, heute findet man gediegene Gastronomie mit Blick auf den See. Den besten Blick auf Steckborn (unten) haben die Ruderer.

umfangreichen Restaurierungsarbeiten hat man sich bemüht, alles original nachzubilden. Für die herrlichen Tapeten, die das Schlafzimmer schmücken, mussten die Restauratoren ihre Fühler bis nach Berlin ausstrecken, um einen Tapetenweber zu finden, der noch nach alter Art arbeitet. Am 3. Oktober 1837 starb Hortense auf Arenenberg.

ABSTURZ DES RHEINS

Bei Schaffhausen stürzt der Rhein auf einer Breite von 150 Metern rund 23 Meter in die Tiefe. Noch im 16. Jahrhundert empfand Sebastian Münster den Rheinfall als ein „grausam ding". Goethe hielt sich 1797 einen ganzen Tag hier auf, um sich dem „Naturphänomen in seinem vollen Glanze" zu widmen,

Noch im 16. Jahrhundert empfand Sebastian Münster den Rheinfall als ein „grausam ding".

Mörike sah mit zitterndem Herz „donnernde Massen auf donnernde Massen geworfen". Heute kommen die Besucher an, werfen einen raschen Blick auf die schäumenden, tosenden Wassermassen und sind auch schon wieder verschwunden. Immer noch ist der Rheinfall der größte Wasserfall Europas – doch heute, wo die meisten Gäste bereits die halbe Welt bereist haben, wirkt er auf viele längst nicht mehr so spektakulär wie seinerzeit auf Goethe. Mit dem Schiff kann man nahe an die Wassermassen heranfahren, das verspricht dann schon eher den rechten Nervenkitzel. Ansonsten scheint der Rheinfall ein Fall für die Zukunft geworden zu sein: für Menschen, die ein Naturschauspiel mit allen Sinnen genießen können wie Mörike mit Ohr und Aug' und Herz, die den leichten Gischtnebel auf der Haut registrieren, den Geruch wirbelnden Wassers, die Farben und das Licht auf den tanzenden Wellen.

OBST

Im Apfelparadies

Seit Kaiser Barbarossas Zeiten zählen die Bodenseeäpfel zu den bekanntesten Spezialitäten der Region. Am ganzen See bieten die Bauernmärkte während der Erntezeiten Obst in Hülle und Fülle an.

Wie kommt es, dass ausgerechnet die Bodensee-Region so legendär gutes Obst hervorbringt? Das Klima spielt eine entscheidende Rolle: Der See speichert die Wärme, und sorgt dafür, dass so gut wie nie Fröste die zarten Blüten dahinraffen und dass der reifende Apfel ein sehr volles Aroma entfaltet. Auch die Farbe wird vom Seeklima beeinflusst: Kühle Nächte plus sehr sonnenintensive Tage im Herbst verleihen dem Apfel die richtige „Deckfarbe".

Die Sorten, die in den „Apfelniederstammkulturen" hauptsächlich gezogen werden, lassen sich an einer Hand abzählen: Auf einem Viertel der „Apfelfläche" pflücken die Erntehelfer im Herbst Jonagold, zwanzig Prozent sind Elstar, gefolgt von Golden Delicious, Gala, und Braeburn. Andere Sorten wie die Gewürzluike führen ein Nischendasein, ebenso wie der ökologische Anbau, der nur auf fünf Prozent der Fläche stattfindet.

BEEREN FRISCH VOM HOF

In den Obstplantagen am Bodensee, die allein auf deutscher Seite 220 000 Tonnen Äpfel pro Jahr ausstoßen, geht es wenig romantisch zu. Hier hat die Hightech-Landwirtschaft längst Einzug erhalten. Auffallend sind die vielen seitlich offenen Netze, die die Obstplantagen überdecken. Sie dienen dem Hagelschutz und haben so manche Obsternte vor dem Totalausfall bewahrt. Denn einmal vom Hagelkorn getroffen, wird ein Tafelapfel sofort zum Mostobst degradiert. Von September bis in den November hinein wird „gebrockt". Nach der Ernte lagern viele Erzeuger ihr Obst in klimatisierten Räumen mit Sauerstoffgehalt von ca. 2 % (statt 21 %) und Stickstoffgehalt von ca. 93 % (statt 78 %). Dies verzögert den Reifeprozess und macht die Äpfel länger haltbar. Immer mehr Obstbauern suchen ihr Heil aber in der Direktvermarktung und bieten auf den regionalen Bauernmärkten oder erntefrisch ab Hof ihre Produkte an: Im Frühling Spargel und Erdbeeren, der Frühsommer gehört den Kirschen und Himbeeren, es folgen Johannisbeeren, Mirabellen, Zwetschgen, Äpfel und Birnen. Für Obstliebhaber ein Schlaraffenland!

Auf den Märkten macht sich der ganze Reichtum des Obstanbaugebietes Bodensee bemerkbar. Restaurants und Konditoreien zeigen, was sich daraus an Süßspeisen und saftigen Kuchen machen lässt.

FAKTEN

Die schönsten Bauernmärkte (Auswahl)
Überlingen: Sa. 7.00–14.00 Uhr
Lindau: Mi. /Sa. 7.00–13.00 Uhr
Friedrichshafen: Sa. 8.00–13.00 Uhr
St. Gallen: Fr. 7.30–13.00 Uhr
Bregenz: Fr. 8.00–12.00 Uhr

Jonagold und Elstar sind die Könige unter den Bodenseeäpfeln.

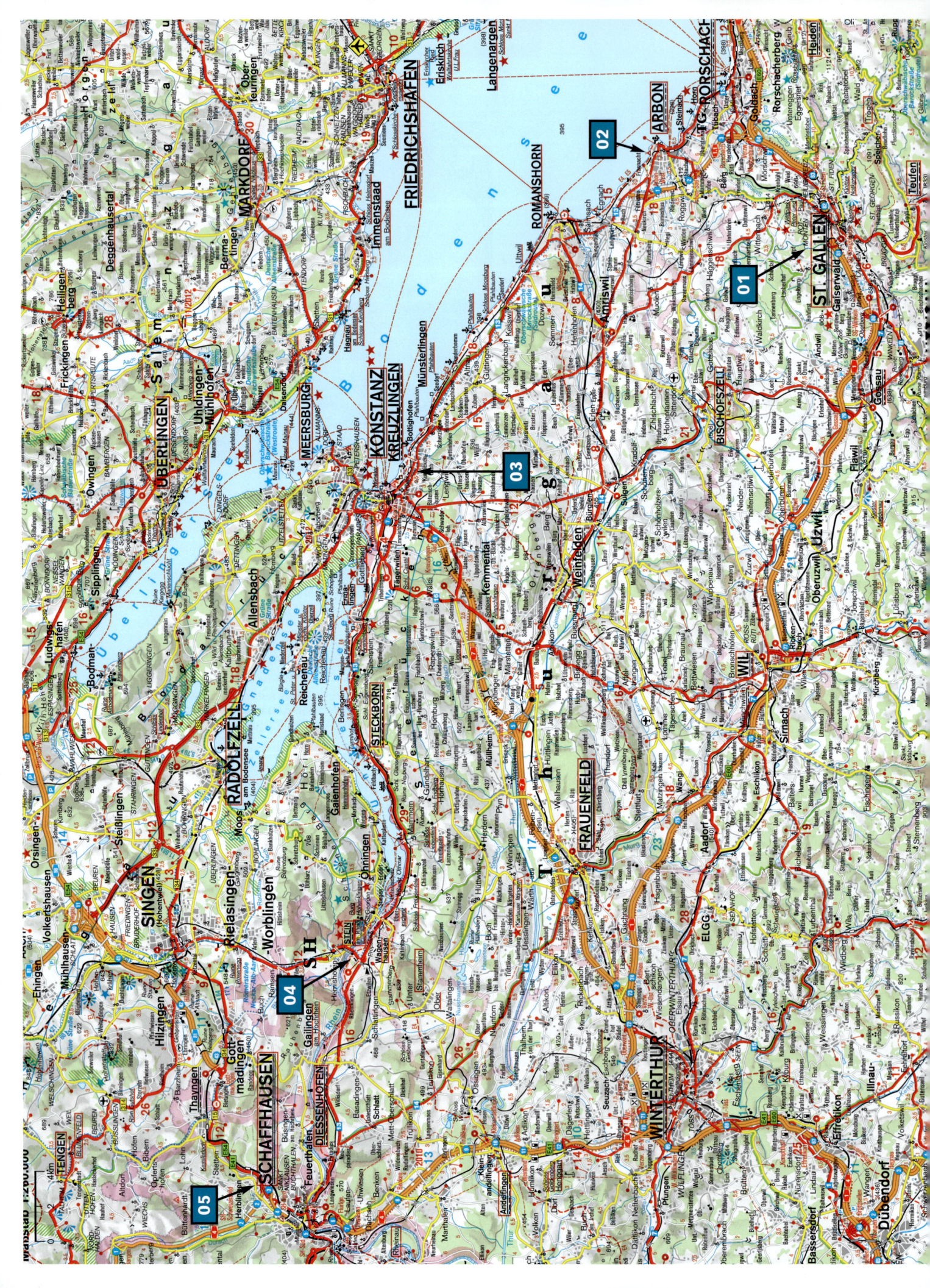

Zwischen See und Alpengipfeln

Das Südufer, das weitgehend zur Schweiz gehört, verspricht geruhsamen Urlaub am Wasser. Altstadt und Kloster von St. Gallen zählen zu den Höhepunkten der schweizerdeutschen Kultur. Am Säntis, St. Gallens Hausberg, finden Menschen mit guter Kondition viele Bergwanderwege. Wer rasch außer Puste gerät, fährt mit der Bahn hoch, um See und Dreitausender zu bewundern.

01 ST. GALLEN

St. Gallen (72 000 Einw.) ist eine Hochburg der Leinen- und Baumwollweberei. Hier werden Stoffe für Armani, Versace, Westwood und Gucci produziert. Die Textiltradition reicht bis ins Mittelalter zurück, als St. Galler Tuch eine teuer bezahlte Handelsware war.

Sehenswert
Die Benediktinerabtei, gegründet im 7. Jh., bestand bis zur Säkularisierung im Jahre 1805. Heute steht der ganze **Stiftsbezirk** samt Bibliothek auf der Liste des UNESCO-Weltkulturerbes. Der riesige Platz vor dem Klostergebäude wird von der monumentalen **Kathedrale** (1749–1766) mit ihren Doppeltürmen dominiert (tgl. 9.00–18.00 Uhr), an deren Bau

Tipp

Alles Käse!

In der Appenzeller Schaukäserei zu Stein (8 km südlich von St. Gallen) kann man von einer Galerie aus in die Käserei hinuntergucken und dem Herstellungsprozess des berühmten Käses beiwohnen. Direkt vor Ort wird Appenzeller in allen Reifegraden verkauft. Der Käse mit dem schwarzen Etikett ist übrigens der edelste: sechs Monate gereift und nur aus den besten Laiben gewonnen.

Mai–Okt. tgl. 9.00–19.00, sonst bis 18.00, Käseherstellung tgl. bis 14.00 Uhr; Tel. 0041/71/368 50 70, www.showcheese.ch

die Vorarlberger Baumeister Peter Thumb und Johann Michael Beer sowie Johann Caspar Bagnato beteiligt waren. Im Inneren kontrastiert die strenge Architektur mit dem üppig verzierten und vergoldeten Chorgitter; darüber spannen sich die spätbarock-feurigen Deckengemälde von Joseph Wannenmacher. Joseph Anton Feuchtmayer schuf die Beichtstühle im Langhaus sowie das Chorgestühl. Bausteine aus dem 8. bis 17.Jh. zeigt das Lapidarium (tgl. Mo.–Sa. 14.00–17.00, So. 10.00–16.00 Uhr). Die ▶TOPZIEL **Stiftsbibliothek**, die als schönster Bibliotheksraum des Spätbarock gilt, wurde 1758–1767 von verschiedenen Künstlern geschaffen, darunter Peter Thumb als Baumeister und Klosterbruder Gabriel Loser aus Wasserburg für alle Holzarbeiten (tgl. Mo.–Sa. 10.00–17.00, So. 10.00–16.00 Uhr).

Museen
Im **Textilmuseum** werden wundervolle historische Spitzen und Stickereien aus der Schweiz gezeigt sowie prachtvolle Gewänder (tgl. 10.00–17.00 Uhr). Von steinzeitlichen Funden bis zu den Schweizer Malern der Gegenwart spannt sich der Bogen im **Museum im Kirchhoferhaus**, das zudem eine schöne Silbersammlung besitzt (z. Zt. geschlossen, Auskunft unter Tel. 0041/71/242 06 42). Mineralogie, Geologie, Tier- u. Pflanzenwelt zeigt das **Naturmuseum**, niederländische Maler sowie zeitgenössische Kunst werden im **Kunstmuseum** ausgestellt (beide Museen Di.–So. 10.00–17.00, Mi. bis 20.00 Uhr). Herausragende Exponate im **Historischen und Völkerkundemuseum** sind Altschweizer Glasmalereien (Di.–So. 10.00–17.00 Uhr).

Restaurant
€€€/€€€€ Mitten in der Altstadt bei der Kathedrale liegt das **Restaurant am Gallusplatz**. Sehr gute, klassische Küche (Gallusstr. 24, Tel. 0041/71/223 33 30).

Ausflüge
Die Talstation der **Säntis-Luftseilbahn** liegt auf der Schwägalp in 1352 m Höhe, mit dem Auto bequem zu erreichen (Anreise ohne Vignette möglich). Die Bergstation auf 2473 m bietet u.a. ein Panorama-Restaurant mit einer atemberaubenden Fernsicht. Besonders aufregend: die Vollmondfahrt auf den Säntis, ganzjährig immer bei Vollmond (Bergfahrten 18.00 bis 19.30, Talfahrten 21.00–24.00 Uhr). Außerdem gibt es Sonnenaufgangsfahrten mit reichhaltigem Frühstücksbuffet (Sa., So. im Juli ab 5.00, im August ab 6.00 Uhr). Warme Kleidung nicht vergessen! Die allgemeinen Betriebszeiten sind: 8.30–17.00, im Sommer Mo.–Do. und So. 7.30–18.00, Fr. und Sa. 7.30–18.30 Uhr; Tel. 0041/71/365 66 66, www.saentisbahn.ch

Auch das Südufer ist ein Obstparadies.

Information
Touristinformation
Bahnhofplatz 1a, CH-9001 St. Gallen
Tel. 0041/71/227 37 37, Fax 227 37 67
www.st.gallen-bodensee.ch

02 ARBON

Keimzelle von Arbon (13 000 Einw.) ist ein römisches Kastell, um 300 n. Chr. an der Stelle erbaut, wo heute das Schloss steht. Wie in St. Gallen verdiente man einst auch in Arbon viel Geld mit der Leinenweberei.

Sehenswert
Am höchsten Punkt von Arbon steht heute das **Schloss**. Sein wuchtiger Bergfried stammt aus dem 13. Jh. Besonders schön im Innern ist der gotische Landenberg-Saal, so herrlich, dass sich das Landesmuseum Zürich die geschnitzte Decke ausbauen ließ; den Arbonern blieb nur eine Kopie. Im Schloss rollt das **Historische Museum** die Geschichte Arbons auf. Auch erfährt man viel über die Herstellung von Flachs und seine Verarbeitung zu Leinwand (Mai bis Sept. tgl. 14.00–17.00, Okt. u. Nov. sowie März u. April nur So. 14.00–17.00 Uhr). Auf einer römischen Badeanlage wurde die **Martinskirche** errichtet. Der heutige Bau entstand 1786 bis 1789, von den Vorgängerbauten hat sich nur der Chor (1490) erhalten. Gleich neben der Kirche das hübsche **Gallus-Kapellchen**. Auf dem Feldstein, der neben der Tür liegt, soll der hl. Gallus bei seinem Kampf mit dem Bären seinen Fußabdruck hinterlassen haben. Gegenüber der Kirche steht das prunkvolle **„Rothe Haus"**, 1704 erbaut von dem wohlhabenden Leinenweberei-Fabrikanten Johann Georg Meyer. An mehreren Stellen der Stadt stößt man noch auf Reste der **Stadtmauer**, die den Ortskern einst umschloss. Deren westlichen Eckpunkt bildet das 1567 erbaute **Haus Zur Freiheit**, heute

Infos

trägt es den Namen Römerhof und beherbergt das Hotel-Restaurant Römerhof, mit ausgesprochen geschmackvoll restaurierten Zimmern und einem Gourmet-Restaurant, einem der besten in der Schweiz (www.roemerhof-arbon.ch).

Umgebung

Im Oldtimermuseum **Rorschach** (7 km südöstlich) stehen, blank poliert, 50 Oldtimer, 30 Motorräder und dazu eine Kollektion von Musik- und Spielautomaten (Öffnungszeiten unter Tel. 0041/71/841 70 34). Das Biedermeierdorf **Heiden** (17 km südöstlich) betreibt das Henri-Dunant-Museum zu Ehren des Gründers des Roten Kreuzes (April–Okt. Di.– Sa. 13.15–16.30, So. 10.00–12.00, 13.15–16.30, Winter Mi., Sa. 13.15–16.30 Uhr). **Romanshorn** (9 km nordwestlich) besitzt den größten Hafen am Bodensee und einen schönen Seepark.

Information

Infocenter Arbon
Schmiedgasse 5, CH-9320 Arbon
Tel. 0041/71/440 13 80, Fax 440 13 81
www.infocenter-arbon.ch

03 KREUZLINGEN

Bis auf die Zollstelle gehen Konstanz und Kreuzlingen nahtlos ineinander über. Kreuzlingen (18 500 Einw.) besitzt keinen historischen Kern, entstand die Grenzstadt doch erst durch Zusammenschluss mehrerer Gemeinden.

Sehenswert

Die 1963 abgebrannte **Klosterkirche** St. Ulrich und Afra wurde im Barockstil wieder aufgebaut. Außergewöhnlich sind vor allem der Ölberg und das herrliche Chorgitter. Ideal zum Flanieren: Die größte **Promenade** am ganzen Bodensee ist dank der prächtigen Platanen, Pappeln und Eichen auch die schönste.

Museen

Fischkunde und Geschichte der Fischerei und Schifffahrt auf dem Bodensee erklärt das **Seemuseum** (April–Juni u. Okt. Mi., Sa., So. 14.00 bis 17.00 Uhr, Juli–Sept. Di.– So. 14.00–17.00, Nov.–März nur So. 14.00–17.00 Uhr). Nicht nur für Kinder: das **Puppenmuseum** mit Zeppelinabteilung im ehemaligen Pächterhaus des Schlosses Girsberg (jd. 1. So. im Monat 15.00 bis 17.00 Uhr).

Restaurant

€€€/€€€€ Unmittelbar am Jachthafen liegt das Gourmet-Restaurant Seegarten (Ruhetage: Mo., Di., Juni–Aug. nur Mo., Promenadenstr. 40, Tel. 0041/71/688 28 77, www.seegarten.ch).

So wohnte Napoleons Verwandtschaft: Blick in ein Prunkzimmer auf Schloss Arenenberg.

Umgebung

Das Juwel am Schweizer Ufer ist Schloss Arenenberg bei **Ermatingen** (8 km westlich), wo Napoleon III. einen Großteil seiner Jugend verbrachte (Mitte April–Mitte Okt. Mo. 13.00 bis 17.00, Di.–So. 10.00–17.00, Mitte Okt.–Mitte April Di.–So. 10.00–17.00 Uhr). Alle drei Jahre feiert man in Ermatingen drei Wochen vor Ostern die Groppenfasnet mit farbenfrohem Umzug (2013, 2016). Die Drachenburg in **Gottlieben** (4 km westlich) zählt zu den schönsten Fachwerkhäusern am Bodensee. Heute kann man hier teuer wohnen und speisen. Im **Steckborner** Heimatmuseum (16 km westlich) sind u. a. die berühmten Steckborner Fayenceöfen ausgestellt (Mitte Mai– Mitte Okt. Mi., Do., Sa., So. 15.00–17.00 Uhr). Tipp für Kinder: Familienpark „Connyland" in **Lipperswil** (11 km südwestlich) mit Dino-Park und Space-Zentrum, Wikingerschiff, Dampfeisenbahn und Wasserrutsche (Ende März bis Okt. tgl. 10.00–18.00 Uhr; www.connyland.ch).

Information

Kreuzlingen Tourismus,
Sonnenstr. 4, CH-8280 Kreuzlingen
Tel. 0041/71/672 38 40, Fax 672 17 36
www.kreuzlingen-tourismus.ch

04 STEIN AM RHEIN

Eine wahre Augenweide sind die Fassadenmalereien rund um den spätmittelalterlichen Stadtkern (3 200 Einw.). Bis ins 20. Jh. haben die Steiner ihre Fassaden mit viel Liebe zum Detail (und Sinn für Dramatik) verziert.

Sehenswert

Rund um den **Rathausplatz** gruppieren sich die eindrucksvollsten Häuser, das Rathaus wurde 1542 erbaut und im 18. Jh. ausgebaut. Gegenüber steht der **Weiße Adler** mit der ältesten (1520/1530) und wertvollsten Fassadenmalerei, unter anderem mit Szenen aus Boccaccios „Decamerone". Der Tourist-Service hält einen Plan bereit, der zu den schönsten Gebäuden führt. Das **Benediktinerkloster St. Georgen** (ältester Teil ist die um 1060 errichtete Basilika) zählt zu den besterhaltenen Klosteranlagen der Schweiz. Einzigartig sind die 1515/1516 geschaffenen Wandmalereien (April–Okt. Di.– So. 10.00–17.00 Uhr). In rund 40 Min. erreicht man zu Fuß **Burg Hohenklingen** (1267 erstmals erwähnt, 594 m ü.NN). Die Aussicht ist herrlich, und eine Stärkung nach dem Aufstieg gibt es im Burgrestaurant. Perserteppich, geblümte Tapete und selbstverständlich Dienstboten: die ansprechende Schau im **Museum Lindwurm** zeigt, wie die bürgerliche Oberschicht im 19. Jh. wohnte und lebte (März– Okt. tgl. 10.00–17.00 Uhr).

Hotel

€€€ Im **Chlosterhof** haben alle Zimmer Balkon. Mit Beauty Spa und Wellness-Abteilung (Oehningerstr. 2, Tel. 0041/52/742 42 42, www.chlosterhof.ch).

Information

Tourist-Service
Oberstadt 3
CH-8260 Stein am Rhein
Tel. 0041/52/742 20 90, Fax 742 20 91
www.steinamrhein.ch

DuMont Aktiv

05 SCHAFFHAUSEN

Der Rheinfall allein ist ein Grund, hierher zu reisen, Schaffhausens mittelalterliche Altstadt ein weiterer. Weil die Schifffahrt auf dem Rhein einst durch zahlreiche Stromschnellen unmöglich wurde, entstand in Schaffhausen (35 000 Einw.) ein wichtiger Verlade- und Stapelplatz.

Sehenswert

Über der Stadt erhebt sich eindrucksvoll **Kastell Munot** (1564–1589). Vom Rundturm aus bietet sich eine herrliche Aussicht. **Kloster Allerheiligen**, 1050 gegründetes ehemaliges Benediktinerkloster, besitzt den größten Kreuzgang der ganzen Schweiz. Das romanische **Münster**, dem zwei Vorgängerbauten vorangingen, wurde 1106 vollendet und lehnt sich an den strengen Hirsauer Baustil an.

Museum

Das **Museum zu Allerheiligen** zeigt eine natur- und kunstgeschichtliche Sammlung (Di. bis So. 11.00–17.00 Uhr). Zu den besten Museen für moderne Kunst am Bodensee gehören die **Hallen für neue Kunst**. In einer alten Textilfabrik werden Werke von Bruce Naumann, Joseph Beuys, Donald Judd und anderen namhaften zeitgenössischen Künstlern gezeigt (Sa. 15.00–17.00, So. 11.00–17.00 Uhr).

Restaurant

€€ In einem historische Zunfthaus serviert die **Gerberstube** italienische Küche. (Bachstr. 8, Tel. 0041/52/625 21 55, Ruhetage: Mo., So.).

Ausflüge

Touren mit dem Schiff zum ▶TOPZIEL **Rheinfall** starten vom Schlössli Wörth und Schloss Laufen (Abfahrten alle 10 Min. April u. Okt. 11.00–17.00, Mai u. Sept. 10.00–18.00, Juni bis Aug. 9.30–18.30 Uhr). Waghalsige, die Europas größten Wasserfall aus der Luft erleben möchten, können einen Gleitschirmflug mit Tandempilot buchen (Tel. 0041/52/319 33 48, www. rhyfallair.ch). Der 2010 eröffnete Adventure-Park ist der größte Seilgarten der Schweiz und führt direkt am Rheinfall entlang (Apr.–Okt. tgl. 10.00–19.00 Uhr; jedoch nicht bei Regen, www. ap-rheinfall.ch).

Umgebung

Nur wenige Kilometer rheinabwärts liegt die **Klosterkirche Rheinau** (1710 geweiht), in der die reich geschmückten Seitenaltäre auffallen.

Information

Schaffhauserland Tourismus
Herrenacker 15, CH-8201 Schaffhausen
Tel. 0041/52/632 40 20, Fax 632 40 30
www.schaffhauserland.ch

Schweiz intensiv

Zu Wasser, zu Lande und zu Fuß lässt sich auf einer abwechslungsreichen Rundtour das Appenzeller Land erkunden. Wer möchte, macht es sich richtig gemütlich und setzt allein auf Zahnradbahn, Schiff und Bergbahn. Die sportliche Variante beinhaltet einen Abschnitt, der auf dem „Witzweg" verläuft, einem 8,5 km langen Wanderweg.

Wichtigste Voraussetzungen: einen Schönwettertag aussuchen. Denn die Erlebnisrundfahrt gewinnt durch die herrliche Aussicht auf den Bodensee, Rheindelta und Bregenzer Bucht. Los geht's am Bahnhof in Rorschach. Von dort zuckelt man mit der nostalgischen Zahnrad-Bergbahn hinauf nach Heiden. Hier bleibt eine gute Stunde Zeit, sich die schöne Biedermeier–Altstadt anzuschauen (oder Mittagesssen zu gehen), bevor der Postbus nach Walzhausen startet. Wer die Variante mit Wanderweg wählt, schnürt in Heiden die Wanderstiefel und macht sich

Ein lustiges Unikum: der Witzweg

auf den 8,5 km langen „Witzweg", der gespickt ist mit Appenzeller Witzen, nach Walzhausen. Dort steht der Abstieg an: mit der Bergbahn über die Hexenkirchli-Schlucht nach Rheineck. Zum Schluss noch ein Highlight: die Schifffahrt durchs Naturschutzgebiet „Alter Rhein" (Fernglas zur Vogelbeobachtung!) und das Südufer zurück nach Rorschach.

DAS KOSTET DIE TOUR

Erwachsene: 16,50 €, Kinder zwischen 6–16 Jahren 8,30 €
Bodensee-Erlebniskarte: Bergbahnen/Schiff gratis, Postauto extra

Ausklang der Tour auf dem Schiff

WEITERE INFORMATIONEN

• Start/Ziel: Rorschach
Rorschach–Heiden:
Zahnrad-Bergbahn
Heiden–Walzhausen:
Postbus/Wanderweg (3,5 Std.)
Walzhausen–Rheineck:Bergbahn
Rheineck-Rorschach:
Schiff (Mai–September)

• Tourlänge:
ca. 5 Std., Variante mit Wanderweg: + 3,5 Std.

• Fahrplanauskunft
Appenzeller Bahnen AG
Telefon 0041/ 71/354 50 60
www.appenzellerbahnen.ch

Himmelreich des Barock

Im Norden grenzt die Bodenseeregion an Oberschwaben. Mehrere Badeorte zapfen Thermalquellen im Untergrund an oder nutzen die heilsame Kraft des Moores. Oberschwaben ist außerdem bekannt für seine prächtigen Barockbauten. Neben den großen Kirchen, Schlössern und Klöstern überrascht hier auch so manches Dorfkirchlein mit einer verschwenderischen Fülle an Farben und Formen, Fresken und Stuck.

Ravensburg kennt jedes Kind: Hier hat der bekannte Spielehersteller seinen Sitz und betreibt vor Ort das „Ravensburger Spieleland".

Malerisch zwischen zwei Seen gelegen: der Kurort Bad Waldsee.

So prächtig residierten die Grafen von Montfort in Tettnang.

Adel und Geistlichkeit scheuten weder Kosten noch Mühen, um Macht und Pracht zu demonstrieren.

Zwischen Bodensee und Donau entrollt sich ein sanft gewelltes Land, aus dessen grünen Wiesen die Zwiebeltürme kleiner Kirchen emporragen, wo Kühe weiden, Blumen blühen und dem Reisenden schon beim Durchfahren immer wieder das Herz aufgeht. Große Felder weichen Grünland, das mit Wald durchsetzt ist. So trägt der östliche Teil von Oberschwaben schon deutlich die Züge des Allgäus. Die Bevölkerung ist überwiegend katholisch, das zeigt sich an den Prozessionen wie auch am ausgelassenen, bunten Fasnetstreiben.

Nach dem Dreißigjährigen Krieg, der in Süddeutschland schreckliche Wunden gerissen hatte, kam es zwischen etwa 1650 und 1750 zu einer einzigartigen Blütezeit in der süddeutschen Baukunst, die als Oberschwäbischer Barock in die Kunstgeschichte eingegangen ist. Einen wichtigen Impuls hierfür gab die Gegenreformation, also die Rückwendung zum Katholizismus, die bis in die Baukunst ausstrahlte: Hier nüchterne protestantische Gotteshäuser, dort schwülstig bunte barocke Pracht. Das Beispiel französischer Herrscher vom Schlage eines Ludwig XIV., der in Versailles eine nie da gewesene Pracht entfaltete, weckte auch in Süddeutschland Sehnsüchte. Adel und Geistlichkeit scheuten nun weder Kosten noch Mü-

hen, um Macht und Pracht zu demonstrieren. Man denke nur an die Schlösser zu Tettnang, Wolfegg oder Bad Wurzach, die Kirchen zu Weingarten und Bad Waldsee. Das Geld hierfür kam auch aus den Börsen der kleinen Leute: der Bauern, die bis aufs Blut auszubeuten sich die absolutistischen Herrscher nicht scheuten. Wenn man heute die überwältigende plastische und malerische Ausstattung der Barockbauten bewundert, sollte man nicht vergessen, wer diese Herrlichkeit mit bezahlt hat.

ZENTRUM DES HOPFENANBAUS

Wo es dem Wein schon ein bisschen zu kalt ist, das Klima aber immer noch warm, dort wächst der Hopfen. Rund um Tettnang ragen überall die acht Meter hohen Hopfenstangen in die Höhe, zwischen denen die Rankhilfen aus Draht gespannt sind. Hopfen gibt dem Bier das gewisse Aroma und macht es überdies haltbar. Deutschland ist der weltgrößte Erzeuger von Hopfen, hier wachsen 25 Prozent der Gesamtproduktion. Nach Bayern ist Tettnang die Nummer zwei unter den Hopfenanbauern in Deutschland. Hier wird Aromahopfen geerntet, eine der edelsten Sorten. Fast die ganze Hopfenernte nimmt die Brauindustrie ab, der Rest dient pharmazeutischen Zwecken. Schon im 12. Jahrhundert begannen die Tettnanger die

Europas größte Reiterprozession findet jährlich in Weingarten statt. Rund 3000 Reiter nehmen am Freitag nach Himmelfahrt am Blutritt teil, bei dem die Heilig-Blut-Reliquie verehrt wird.

Die Basilika in Weingarten birgt einen berühmten Schatz: die Gabler-Orgel.

17 Türme zieren die Altstadt von Ravensburg. Vom Blaserturm aus hat man einen guten Blick auf das Lederhaus mit seiner schönen Renaissancefassade.

Dolden zu kultivieren, im großen Stil allerdings erst ab 1845. Seit 1877 wurden die damals üblichen dünnen Holzstangen von den noch heute gebräuchlichen Drahtgerüsten abgelöst.

ORGEL DER GEHEIMNISSE

Im Klosterbezirk von Weingarten steht Deutschlands größte Barockbasilika, gern auch als „deutsche Peterskirche" bezeichnet. Gläubige pilgern wegen der Heilig-Blut-Reliquie hierher, Kunstgenießer berauschen sich an der Kirchenausstattung. Musikfreunde jedoch kommen wegen der Gabler-Orgel, der berühmtesten Barockorgel in ganz Süddeutschland. Johann Gabler hat sie von 1737 bis 1750 gebaut – und ist daran menschlich wie finanziell fast zerbrochen: Ein Brand im Kloster entzog ihm die Arbeiter der Klosterschreinerei, die ihm zur Hand gehen sollten, auf Jahre. Weil er deshalb seine Termine nicht einhalten konnte, beschnitt man Gabler das Salär. Doch die Orgel wurde fertig, wenn auch mit kleinen Änderungen: 6666 Pfeifen sollte sie eigentlich enthalten, entsprechend der Anzahl der Peitschenhiebe bei der Geißelung Jesu. Heute können die Organisten auf 6890 Pfeifen zugreifen.

Geheimnisvolle Geschichten ranken sich um eines der 66 Register: Gabler, so die Legende, habe seine Seele dem Teufel verschrieben, der ihm dafür eine „Vox humana" übergab, ein Register, das wie die menschliche Stimme klang. In die Orgel eingebaut, tönte die Vox humana sodann so herrlich, dass sie die Mönche zu weltlichen Genüssen verführte. Gabler beichtete dem Abt seine Sünde, schuf einen meisterhaften Ersatz für die Pfeifen des Teufels und bekam das Leben geschenkt. Heute wird Gablers Meisterwerk hoch gepriesen. Nirgendwo sonst vereinigen sich Raum, Architektur und Instrument so vollendet. Der Klang, so sagen Kenner, sei zart, sanft, fast kammermusikartig. Der Besuch eines Orgelkonzertes in der Basilika lohnt also!

Orte der Stille in Oberschwaben: Die Heiligkreuzkapelle in Amtzell schaut schon ins Allgäu. Das Wurzacher Ried steht unter Naturschutz.

Im Frühjahr setzt der Raps gelbblühende Zäsuren in der oberschwäbischen Bilderbuchlandschaft.

Die barocke Kuppel des Bad Wurzacher Schlosses ist einer der vielen Kunstschätze, denen Oberschwaben den Beinamen „Himmelreich des Barock" verdankt.

„Bis ein Meter Torf wächst, ziehen rund tausend Jahre ins Land."

Franz Renner, Naturschutzzentrum Wurzach

DAS SCHWARZE GOLD

Schon immer war das Moor eine Landschaft von düsterer Bedeutung. Gleichzeitig ist seit alters bekannt, dass Moorerde auch heilend wirkt. Aus den Torfen des Wurzacher Riedes schöpft Bad Wurzach sein Schwarzes Gold. Als Packung oder Moorbad wirkt es günstig bei allerlei chronischen Krankheiten, darunter Haut- und Bandscheibenleiden. Es steigert die körpereigenen Abwehrkräfte, sorgt für eine bessere Durchblutung und regt nach Unfällen die Selbstheilung an.

Doch das Wurzacher Ried ist auch ein Naturschutzgebiet von Weltrang, eines der größten noch intakten Hochmoorgebiete Mitteleuropas. Torfmoore entstanden in der Eiszeit und haben Jahrtausende gebraucht, um zur heutigen Größe zu wachsen. „Bis ein Meter Torf wächst, ziehen rund tausend Jahre ins Land", erläutert Franz Renner vom Naturschutzzentrum in Wurzach. Daher darf nur noch an ganz wenigen Stellen Torf abgebaut werden, was aber einem guten Zweck dient: In den Moorküchen der Wurzacher Sanatorien wird es zerkleinert und aufbereitet. Über eigene Leitungen gelangt es 43 Grad warm direkt in die Therapiewannen. Dort liegt man dann, lässt die wohlige Wärme auf Körper, Geist und Seele wirken, entspannt und erholt sich wunderbar.

Neue Wege gehen

Pilgern ist in. Das zeigt der große Run auf den Jakobsweg. Auch in Oberschwaben erlebt das Pilgern eine Renaissance. Ein neu ausgewiesener Weg erschließt die Gnadenorte der Region.

Traditionelle Formen der Spiritualität wie der Blutritt in Weingarten sind in Oberschwaben nach wie vor noch lebendig.

Im Juli 2010 endete die jahrhundertealte Klostertradition in Weingarten: wegen Nachwuchsmangel schloss das Kloster seine Pforten, vermutlich für immer. In ganz Deutschland haben die Orden dasselbe Problem, denn nur noch sehr wenige Menschen entscheiden sich für ein solch strenges Leben. Auch schwindende Mitgliederzahlen bei den christlichen Kirchen sprechen eine deutliche Sprache.

Der Wunsch nach spirituellem (Er)Leben wurde damit aber nicht über Bord geworfen: Der Zulauf zum Weingartener Blutritt, bei der die Heilig-Blut-Reliquie voran getragen wird, ist mit 3000 Reitern ungebrochen groß wie je. Auch der Erfolg fernöstlicher Philosophien und der Run auf den Jakobsweg – der übrigens auch durch Oberschwaben führt – zeigen eindrucksvoll das wiedererwachende Bedürfnis nach Besinnung.

AUSZEIT IN OBERSCHWABEN

Oberschwaben scheint als Region prädestiniert für spirituelle Übungswege im kirchlichen wie im außerkirchlichen Sinn. Der „heilige Berg Oberschwabens", der Bussen, entfaltet als Wallfahrtsort, aber auch als Platz mit besonderer Ausstrahlung seine Wirkung. Mehrere Klöster bieten Tage der Besinnung an – und dies ausdrücklich für Jedermann, unabhängig von Konfession, Nationalität, Alter und Geschlecht.

Von der Renaissance des Pilgerns profitiert das Projekt „Oberschwäbischer Pilgerweg",

Pilgern erlebt eine Renaissance. Oberschwaben ist Teil des Jakobswegs und des Oberschwäbischen Pilgerwegs.

das einen ungeheuren Erfolg vom Start weg verzeichnete. Rita und Egon Oehler hatten die Idee, das reiche Erbe an Klöstern, Wallfahrtskirchen und zum Teil auch vergessenen Gnadenorten in Oberschwaben und den unmittelbar angrenzenden Gebieten durch einen neuen Pilgerweg zu verbinden. Kaum war der Gedanke in der Welt und 2008 ein Förderverein gegründet, begeisterten sich auf Anhieb vier Landkreise und zahlreiche Gemeinden dafür. Mittlerweile werden über 100 Wallfahrtsorte, Klöster und geistliche Zentren durch einen über 1000 km langen, in sieben Schleifen verlaufenden Weg quer durch Oberschwaben verbunden. Vor Ort haben sich zahlreiche Einheimische damit befasst, den bestmöglichen Wegverlauf von Station zu Station auszutüfteln. Oft verläuft die Route auf Wanderwegen, manchmal auch abseits.

EIN WEG FÜR JEDERMANN

Woher rührt das Interesse am Pilgern? „Menschen suchen heute sehr viel stärker nach dem Sinn des Lebens. Viele haben das Gefühl, dass sie nur noch Getriebene sind. Körper und Seele machen das auf Dauer nicht mit", stellt Egon Oehler fest. Der Wunsch nach einer Auszeit mit Abstand von Beruf und Familie, nach der Rückbesinnung auf das wirklich Notwendige wächst. Dem kommt das Pilgern entgegen: Zeit zum Nachdenken bleibt beim Laufen genügend und das Gepäck erfordert die Beschränkung aufs Nötigste. Anders als auf einer gewöhnlichen Wandertour trifft man auf Pilgerwegen Menschen, die gleichfalls zu sich kommen und eine spirituelle Erfahrung machen wollen – die Suche nach dem christlichen Gott muss nicht im Vordergrund stehen. Laut Egon Oehler ist das Publikum auf dem Oberschwäbischen Pilgerweg ein ganz gemischtes: junge Menschen und ältere, deutlich mehr Frauen, Menschen in allen Le-

benslagen und unterwegs mit den unterschiedlichsten Fragen. Jüngst war ein Soldat dabei, frisch aus dem Afghanistan-Einsatz. Was immer man auch suchen und finden mag, eine mehrtägige Wanderung durch die Bilderbuchlandschaft Oberschwabens birgt in jedem Falle Gewinn.

FAKTEN

Oberschwäbischer Pilgerweg
Egon und Rita Oehler
Steigstr. 16, 88348 Bad Saulgau-Friedberg
Tel. 07581/27 43, www.oberschwaebischer-pilgerweg.de

Auszeit in Klöstern in Oberschwaben und am Bodensee
Kloster Habsthal
Klosterstraße 11, 88356 Ostrach-Habsthal
Tel. 07585/656, www.kloster-habsthal.de

Kloster Reute
Klostergasse 6, 88339 Bad Waldsee
Tel. 0751/359 77 77, www.kloster-reute.de

Kloster Sießen
88343 Bad Saulgau-Sießen
Tel. 07581/ 801 08, www.klostersiessen.de

Kloster Hegne
Konradistraße 12, 78476 Allensbach-Hegne
Tel. 07533/80 70, www.kloster-hegne.de

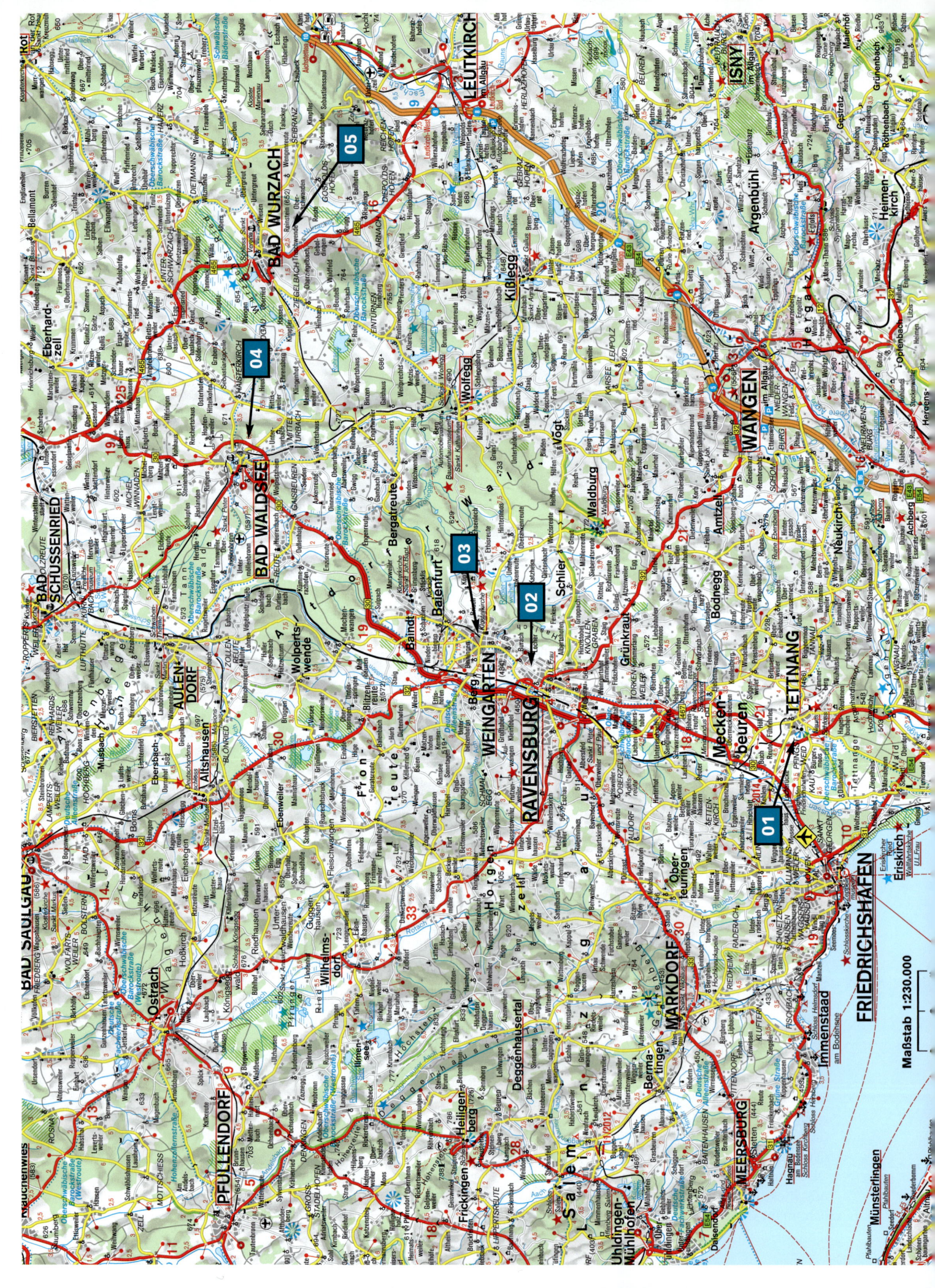

Infos

Eine gesegnete Bilderbuchlandschaft

Thermalquellen begründen den Ruf der Badeorte Oberschwabens. Wo heilkräftiges Wasser sprudelt, ist der Segen von oben oft nah. So ist die Gegend berühmt für ihre Kirchen und Klöster wie auch für Segen spendende Wallfahrten, allen voran der Blutritt zu Weingarten, an dem Jahr für Jahr 3000 Reiter teilnehmen.

01 TETTNANG

In Tettnang (18 500 Einw.) strahlte der Stern der Grafen von Montfort besonders hell, hier regierten sie vom 13. bis ins 18. Jh. und bauten u. a. das Neue Schloss. Bis heute ist Tettnang eine Hochburg des Hopfenanbaus: Jährlich werden rund 50 000 Zentner geerntet.

Sehenswert
Blickfang ist das leuchtendgelbe, übermächtig groß wirkende **Neue Schloss** (1712–1728). Die spektakuläre Innenausstattung der Vierflügelanlage fiel 1753 einem Brand zum Opfer; beim zweiten Anlauf beschieden sich die Grafen von Montfort (Aussprache übrigens wie geschrieben und nicht französisch) mit heimischen Malern; so sind etwa die lebendigen Jagdszenen Andreas Brugger zu verdanken (nur bei Führungen zu besichtigen: April–Okt. tgl. 14.30, Mai– Sept. auch 16.00, Juli u. Aug. auch Mi.–Fr. 10.30 Uhr). Das **Alte Schloss** (um 1655) wird von einem Staffelgiebel gekrönt und ist an den schwarz-weißen Fensterläden leicht zu erkennen. Heute dient es als Rathaus.

Museen
Aufstieg und Fall der baufreudigen Grafen von Montfort beleuchtet das **Montfort-Museum** im Torschloss. Das im selben Bau untergebrachte Elektronikmuseum gibt Einblicke in die Rundfunktechnik (beide Museen April–Okt. Di. bis So. 14.00–18.00, Sa. auch 10.00–12.00 Uhr).

Tipp

Hopfen und Malz

Tettnang zählt zu den deutschen Hopfenhochburgen. In die Geheimnisse der Braukunst kann man sich in der Kronenbrauerei am besten bei einer Führung einweihen lassen – mit anschließender Verkostung verschiedener Biere.

*Mai–Okt. Sa. 17.00 Uhr
Kronenbrauerei, Am Bärenplatz 9
Tel. 07542/74 52
www.krone-tettnang.de*

Das erste **Hopfen-Museum** Deutschlands informiert rund um das Grüne Gold und zeigt, wie sich im Zuge der Mechanisierung der Landwirtschaft auch die Hopfenernte verändert hat (OT Siggenweiler, Mai–Okt. Di.–Do. 10.30 bis 18.00, Fr.–So. 10.30–20.00 Uhr). Am Museum beginnt der interessante und landschaftlich reizvolle **Hopfenlehrpfad** (4 km Länge).

Restaurant
€€/€€€ Das **Lamm im Kau** ist ein netter Dorfgasthof, der schmackhafte regionale Gerichte serviert. Gutes Preis-Leistungs-Verhältnis (Sängerstr. 50, Tettnang-Kau, Tel. 07542/47 34, www.lamm-im-kau.de, Ruhetag Mo.).

Umgebung
In **Meckenbeuren-Liebenau** (6 km nördlich) lockt das Ravensburger Spieleland vor allem Familien mit Kindern. Baggern, Wasserrutsche fahren, Käpt'n Blaubär besuchen, Papa nass spritzen – hier ist alles möglich (April–Mitte Okt. tgl. 10.00–18.00, Aug.– Mitte Sept. bis 19.00 Uhr; Schließungen bei schlechter Witterung sind möglich, Tel. 07542/400-0, www. ravensburger.de/spieleland).

Information
*Tourist-InfoBüro TIB
Montfortstr. 41, 88069 Tettnang
Tel. 07542/510-500, Fax 510-510
www.tettnang.de*

02 RAVENSBURG

Noch heute wirkt die „Stadt der Türme und Tore" (43 000 Einw.) von weitem wie eine mittelalterliche Ansiedlung. Der wirtschaftliche Aufschwung in den Jahren 1380–1530 war der „Ravensburger Handelsgesellschaft" zu verdanken, dem seinerzeit größten deutschen Handelsunternehmen. Im 20. Jh. machten Ravensburger Spiele die Stadt weltbekannt.

Sehenswert
Zentrum der mittelalterlichen Altstadt ist der **Marienplatz**, an den die Oberstadt mit den prestigeträchtigen Häusern reicher Kaufleute anschließt. Am Marienplatz steht das spätgotische **Rathaus** (um 1430). Das **Waaghaus** (1498) zählt zu den eindrucksvollsten Kaufhausbauten aus dem Mittelalter. Von der ehemaligen **Stadtbefestigung** sind 17 Türme und Tore erhalten. Auffallendster Turm ist der **Blaserturm** (1556), ein Wachtturm mit viereckiger Aussichtsplattform. Weithin leuchtet weiß das Wahrzeichen der Stadt, der **Mehlsack** (13. Jh.), ein 51 m hoher runder Turm. Von hier aus kann man die **Veitsburg** erklimmen, die ehemalige Burg der Welfen. Nach Berlin entliehen ist die

Böllerschüsse vom Ravensburger „Mehlsack"

berühmte Ravensburger Schutzmantelmadonna; heute steht in der **Liebfrauenkirche** (1360–1380) eine Kopie des Meisterwerkes von Michel Erhart (ca. 1444–1525).

Museen
Wechselnde Ausstellungen zeitgenössischer Kunst zeigt die überregional bekannte **Städtische Galerie** (Am Gespinstmarkt; Di.–So. 10.00–13.00, 14.00–18.00 Uhr). Wie wurde Fang-den-Hut erfunden? Und was wird heute in Ravensburg und sonst auf der Welt gespielt? Einen tiefen Einblick in die Geschichte der Ravensburger Spiele von Malefiz über Memory gibt das **„Museum Ravensburger"** in der Altstadt (Marktstr. 26; Ende Mai–Okt. 10.00–18.00, im Winter ab 11.00 Uhr).

Umgebung
Bei Wilhelmsdorf (21 km nordwestlich) liegt das **Pfrunger-Burgweiler Ried**, ein 2600 ha großes Naturschutzgebiet mit über 1600 Tier- und Pflanzenarten (Führungen durch das Naturschutzzentrum So. 14.00–17.00 Uhr).

Information
*Tourist-Information
Kirchstr. 16, 88212 Ravensburg
Tel. 0751/8 28 00, Fax 8 24 66
www.ravensburg.de*

03 WEINGARTEN

Hoch über der Stadt (23 600 Einw.) thront das Kloster, unten pulst der Alltag in Weingartens Fußgängerzone.

Sehenswert
Hauptattraktion ist die ▶ TOPZIEL **Basilika St. Martin und Oswald** des 1056 von den Welfen gegründeten Benediktinerklosters. Seit 2010

Infos

besteht jedoch keine klösterliche Gemeinschaft mehr hier. Die größte deutsche Barockkirche wurde in nur neun Jahren (1715–1724) erbaut. Außergewöhnlich die Westfassade mit zwei Türmen und dem hervorgewölbten Mittelteil. Die hochwertigen Stuckarbeiten schuf der Wessobrunner Franz Xaver Schmuzer, die beeindruckenden Deckengemälde Cosmas Damian Asam. Ungewöhnlich schön ist das Chorgestühl von Joseph Anton Feuchtmayer und Johann Peter Heel. Joseph Gabler schuf die berühmte Orgel, deren größte Pfeife 9,62 m hoch ist, die kleinste aus Elfenbein misst 4,5 cm. Am Choreingang ruht auf rotem Samt im Altar die Heilig-Blut-Reliquie, die bei der Reiterprozession am Tag nach Christi Himmelfahrt durch Weingarten getragen wird (Führungen Mai–Okt. So. u. Fei. um 15.00 Uhr mit anschl. Sonntagsmusik auf der Gabler-Orgel um 16.00 Uhr, Tel. 0751/56 12 70).

Museen

Wer wissen möchte, wie Archäologen arbeiten, sollte ins **Alamannenmuseum** gehen. Das Spezialmuseum zeigt eine Fülle der Funde, die in 801 Gräbern der Alamannenzeit nahe Weingarten geborgen werden konnten (Di.–So. 14.00–17.00, Do. bis 18.00 Uhr). Das **Stadtmuseum** im Schlössle informiert über die Geschichte der Welfen und des Klosters, die Heilig-Blut-Reliquie und den Blutfreitag (Di.–So. 14.00–17.00, Do. bis 18.00, 1. Do. i. Monat bis 20.00 Uhr).

Feste

Berühmtestes Fest ist der **Blutritt** am Freitag nach Christi Himmelfahrt. Besonders vom „Gumpigen Donnerstag" bis Aschermittwoch tobt die schwäbisch-alemannische **Fasnet** in Weingarten wohl schon seit 1348 Jahr für Jahr.

Tipp

Schätze der Mönche

2010 wurde das Kloster von Bad Schussenried zum „Kloster des Jahres" ernannt, zeitgleich eröffnete das Klostermuseum Schussenried. Dieses gibt einen hervorragenden Einblick in die Lebenswelten der Mönche. Einzigartig sind die Schätze, die nicht aus Gold und Edelsteinen bestehen, sondern aus Naturaliensammlungen und wissenschaftlichen Instrumenten zu Studienzwecken, darunter zwei riesige Globen.

Ostern–Okt. tgl. 13.30–17.30 Uhr
Sa. 9.30–11.30 und 13.30–17.30 Uhr

Information

Amt für Kultur und Tourismus
Münsterplatz 1, 88250 Weingarten
Tel. 0751/405-125, Fax 405-268
www.weingarten-online.de

04 BAD WALDSEE

Der gut erhaltene Stadtkern liegt malerisch zwischen zwei Seen. 1956 erhielt die Stadt (20 000 Einw.) das Prädikat Moorheilbad, 1974 wurde sie Kneippkurort, 1994 eröffnete eine neue Kurtherme.

Sehenswert

Wahrzeichen der Stadt sind die 1765–1768 erbauten Doppeltürme von **St. Peter**, einst Stiftskirche des 1788 aufgelösten Augustinerchorherrenstifts. Die Kirche selbst wurde 1479 erbaut und im 18. Jh. barockisiert. Einzigartig ist der Eiserne Mann am Ende des linken Seitenschiffes, eine opulent verzierte Bronzegrabplatte, die vermutlich für Georg I., Truchsess von Waldburg (gest. 1467), geschaffen wurde. An der Stelle des heutigen **Barockschlosses** (1745) stand einst außerhalb der Stadtmauern eine Wasserburg (um 1550) der Fürsten von Waldburg-Wolfegg. Der Schloss-See ist 6 ha groß und ein wahres Kleinod. Die Größe des prächtigen Rathauses (1426) ist für ein seinerzeit 500-Seelen-Dorf recht erstaunlich. Nach Ansicht der Historiker wollten die Waldseer damit ihre Unabhängigkeit von Stift und Schloss unterstreichen.

Museen

Im 500 Jahre alten Kornhaus belegt das **Städtische Museum** die Geschichte von Stadt und Region; auch Skulpturen der Waldseer Bildhauerfamilie Zürn und anderer Bildschnitzer werden gezeigt. In der beeindruckenden Säulenhalle finden Wechselausstellungen statt (Fr. bis So. 13.30–17.30 Uhr). Das **Fasnets- und Ölmühlenmuseum** zeigt neben Masken der Waldseer Fasnet, wie man einst Lein-, Mohn- und Rapsöl verarbeitete (vierzehntägig Mi. 14.30 Uhr, Tel. 07524/94 13 42). Ein See verleitet offenbar dazu, sich unnötigen Ballastes zu entledigen. Witzige Tauchfunde aus dem Stadtsee stellt das **Stadtsee-Museum** im Stadtarchiv aus. Das Sammelsurium reicht von Prunkgläsern und Waffen bis zu Schröpfköpfen (Do. 10.00–13.00 Uhr, Tel. 07524/499 42).

Hotel

€€€ **Golf & Vitalpark** bietet eine ruhige, naturnahe Lage, schöne Aussicht, Fitnessraum, Sauna, Solarium, Whirlpool (Hopfenweiler 13, Bad Waldsee-Hopfenweiler, Tel. 07524/40 17-0, www.waldsee-golf.de).

Blaserturm am Ravensburger Marienplatz

Information

Touristinformation
Ravensburger Str. 1, 88339 Bad Waldsee
Tel. 07524/94 13 42, Fax 94 13 45
www.bad-waldsee.de

05 BAD WURZACH

Vom ältesten Moorheilbad Baden-Württembergs (14 000 Einw.) ist es nicht weit zum Wurzacher Ried, dem größten Moor Mitteleuropas.

Sehenswert

Das schönste Treppenhaus Oberschwabens findet man im Bad Wurzacher **Schloss** (1723 bis 1727). Wer das feuersprühende Deckenfresko gemalt hat, ist unbekannt – bezahlt haben die Herren von Waldburg-Zeil-Wurzach (tgl. 8.00–12.00, 14.00–18.00 Uhr). Weiter nennt Bad Wurzach die „schönste Hauskapelle der Welt" sein eigen: die 1763 mit glitzernden Spiegelchen und buntem Glas ausgestaltete Rokokokapelle im **Kloster Maria Rosengarten** (wegen Renovierung derzeit geschl.). Südöstlich der Stadt in romantischer Lage steht die **Wallfahrtskapelle Gottesberg** (1712/1713) mit der Heilig-Blut-Reliquie. Jeden zweiten Freitag im Juli zieht eine Wallfahrt zu Pferde den Berg hinauf.

Hotel/Restaurant

€€/€€€ Gasthof **Zum Adler** bietet ein schönes Landhausambiente und beachtenswerte Regionalküche (Schlossstr. 8, Bad Wurzach, Tel. 07564/93 03-0, Fax 93 03-40, www.hotel-adler-bad-wurzach.de, Ruhetag: Mo.).

DuMont Aktiv

Ausflüge

Das 182 ha große Wurzacher Ried ist das größte noch intakte Hochmoor Mitteleuropas. Exkursionen bringen die einmalige Tier- und Pflanzenwelt näher (Start ab Naturschutzzentrum, Rosengarten 1, tgl. 13.30–17.00, So./Fei. zusätzlich 10.00-12.30 Uhr). Mit der restaurierten **Torfbahn** kann man das Wurzacher Ried auf gemütliche Weise erkunden. Sie fährt während der Öffnungszeiten des **Torfmuseums** (jd. 2. So. u. jd. 4. Sa. im Monat 13.30–15.30 Uhr; www.torfbahn.de).

Umgebung

Im Bauernhausmuseum **Wolfegg** (14 km südöstlich) stehen originalgetreue Bauernhöfe aus drei Jahrhunderten. Gezeigt wird, wie früher gebacken, gesponnen, gesät und geerntet wurde (www.bauernhausmuseum-wolfegg.de; Mai–Sept. tgl. 10.00–18.00, März, April, Okt., Anf. Nov. Di.–So. 10.00–17.00 Uhr). Autofreunde finden im Automobilmuseum Fritz B. Busch liebevoll restaurierte Oldtimer (Mitte März– Anf. Nov. tgl. 9.30–17.30, Winter nur So. 10.00–17.00 Uhr). Pfarrkirche St. Katharina (1733–1736) zählt zu den prächtigsten Barockkirchen Oberschwabens – die Raumwirkung und die farbigen Fresken der riesigen Kuppel sind beeindruckend (tgl. 8.30–18.00 Uhr). Berühmt ist die Barockkirche St. Gallus und Ulrich von **Kißlegg** (17 km südlich) nicht zuletzt wegen des „Augsburger Silberschatzes" (1753 bis 1755): Büsten, Silberkreuze, usw. aus der Werkstatt des Augsburgers Franz Christoph Mäderl (Kirche tgl. geöffnet, Besichtigung des Silberschatzes April–Okt. Mi. 15.00 Uhr). In **Bad Schussenried** (26 km nordwestl.) lohnt der Besuch des ehemaligen Klosters mit seinem Rokoko-Bibliothekssaal, dessen farbenprächtiges Deckenfresko Statuen und Marmorsäulen zeigt (Apr.–Okt. Di.–Fr. 10.00–13.00 und 14.00 bis 17.00, Sa./So., Fei. 10.00–17.00, Winter Sa./So./Fei. 13.00–16.00 Uhr). Im Stadtteil **Steinhausen** liegt die Wallfahrtskirche Unserer Lieben Frau (1727–1733), die angeblich „schönste Dorfkirche der Welt" mit wunderschönen Stuckarbeiten und Deckenfresken. **Bad Buchau** (33 km nordwestl.) ist bekannt durch den Federsee, die Adelindis-Therme und das Federseemuseum. Dieses bietet Häuser und Hütten nach prähistorischem Vorbild, viele Vorführungen zum Leben und Werken in der Steinzeit sowie einen Moorlehrpfad (Apr.–Nov. 10.00–18.00, im Winter nur So. 10.00–16.00 Uhr, www.federseemuseum.de).

Information

Kurverwaltung
Mühltorstr. 1, 88410 Bad Wurzach
Tel. 07564/302-150, Fax 302-154
www.bad-wurzach.de

Auf dem Rücken der Pferde

Die weitläufige oberschwäbische Landschaft mit ihren sanften Hügeln, Blumenwiesen und Wäldern bildet ein ideales Gelände zum Ausreiten. Für Kinder wie für Erwachsene gibt es ein breites Angebot an Reitmöglichkeiten. Von der Schnupperreitstunde bis zum Tagesausritt ist alles machbar.

Viele Reiterhöfe in Oberschwaben bieten Reiterferien für Kinder an. Aber auch Erwachsene können an von Reitlehrern geführten Tagestouren teilnehmen – sofern sie vorher entweder zeigen, dass sie bereits reiten können oder eine Unterrichtsstunde nehmen. „Sicherheit geht vor", erläutert Sonja Waggershauser vom Bachäckerhof, der in der Nähe von Ravensburg liegt. Sie hat aber auch die Pferde selbst im Blick. „Nicht nur der Zweibeiner oben soll seinen Spaß haben, sondern auch der Vierbeiner unten." Mitzubringen sind bequeme Kleidung und feste Schuhe, die möglichst über den Knöchel gehen, z. B. Wanderschuhe oder Turnschuhe. Den Helm stellt der Reitstall – und dann ab ins Gelände.

Abwechslungsreiches Gelände lockt.

MIT DEM EIGENEN PFERD

Besonders schön ist es natürlich, sein eigenes Pferd mit in den Urlaub zu nehmen und dann beliebig lange Zeit kreuz und quer durch Oberschwaben zu reiten. Unterwegs haben sich viele Bauernhöfe und Reitställe auf diese Art des Tourismus eingestellt: Wanderreiter finden im Kreis Ravensburg mittlerweile 50 Stationen, die Ross und Reiter über Nacht aufnehmen. Diese sind auf einer vom Tourismusbüro herausgegebenen Karte verzeichnet.

WEITERE INFORMATIONEN

· Reitschule
Islandpferdereitschule
Bachäckerhof
Alberskircher Straße 10
88213 Ravensburg-Dürnast
Tel. 0170/438 35 76
www.bachaeckerhof.de

· Karten und Informationen zum Wanderreiten
Oberschwaben Tourismus GmbH
88427 Bad Schussenried, Klosterhof 1, Tel. 07583/33 10 60
www.oberschwaben-tourismus.de
www.wanderreiten-in-oberschwaben.de

Service

ANREISE

Die Bodenseeregion ist mit Auto, Bahn, Bus und Flugzeug aus allen Richtungen gut erreichbar.

Auto: Mit dem Auto gelangt man von Westen her zum Bodensee am besten auf der A 81 nach Singen und weiter auf der A 98 bis Stockach. Weiter geht es auf der B 31 bis Meersburg, Friedrichshafen und Lindau. Von Osten her nimmt man von München die A 96 über Memmingen nach Lindau, von Norden die A 7 aus Ulm bis zum Anschluss an die A 96 bei Memmingen. Zum Raum Oberschwaben gelangt man über Bundesstraßen, wie zum Beispiel über die B 30 nach Biberach, Bad Waldsee und Ravensburg. Besucher aus Österreich kommen über die A 14 bzw. die B 200 zum Bodensee, für diejenigen aus der Schweiz sind die Autobahnen Nr. 1, Nr. 7 und Nr. 13 empfehlenswerte Routen.

Flugzeug: Friedrichshafen besitzt einen Flugplatz, der von vielen Fluglinien angeflogen wird. Auf Schweizer Seite liegt der Airport St. Gallen-Altenrhein am See und auch vom Flughafen Zürich besteht eine gute Verbindung zum Bodenseeraum.

Bahn: Für Bahnreisende aus Norddeutschland bzw. der Schweiz bestehen Verbindungen zwischen Stuttgart bzw. Zürich und Singen. Von dort aus mit Regionalzügen an den See. Aus München reist man via Kempten nach Lindau; von Österreich aus über Innsbruck und Feldkirch bis Bregenz. Detaillierte Angaben über Streckennetze, Fahrpläne und Kosten unter www.bahn.de, www.ssb.ch und www.oebb.at

AUSKUNFT

Deutschland:
Internationale Bodensee-Tourismus GmbH
Hafenstr. 6, 78462 Konstanz
Tel. 07531/90 94-90, Fax 90 94-94
www.bodensee.eu

Tourismus Untersee e.V.
Im Kohlgarten 2, 78343 Gaienhofen
Tel. 07735/91 90 55, Fax 91 90 56
www.tourismus-untersee.de.

Oberschwaben Tourismus GmbH
Klosterhof 1, 88427 Bad Schussenried
Tel. 07583/33 10-60, Fax 33 10-20
www.oberschwaben-tourismus.de.

Österreich:
Vorarlberg Tourismus
Poststr.11, A-6850 Dornbirn
Tel. 0043/5572/3770 33-0, Fax 3770 33-5
www.vorarlberg-travel

Daten und Fakten

Landesnatur: Der Bodensee liegt an der Südwestgrenze Deutschlands im Dreiländereck Deutschland, Österreich, Schweiz. Der Schweiz gehören 72 km des Ufers, Österreich 28 km, Baden-Württemberg 155 km, Bayern 18 km. Wem welcher Teil des Gewässers exakt gehört, wurde nie festgelegt. Grenzziehungen durch den See auf manchen Karten beruhen allein auf Gewohnheitsrecht. Namentlich gliedert sich der See in mehrere Teile. Das größte Stück zwischen Lindau und Meersburg heißt Obersee. Der Überlinger See erstreckt sich zwischen Meersburg und Bodman. Untersee nennt man den Teil zwischen Konstanz und Stein am Rhein; der Gnadensee liegt im Norden vor Allensbach, der Zeller See im Süden zwischen Horn und Radolfzell. Die Insel Reichenau ist 4,28 km² groß, die Mainau 0,44 km², die Lindauer Insel 0,53 km².

Klima: Das Klima am Bodensee ist mild. Im Winter kann es anhaltend neblig sein. Seit 875 ist der See 33-mal zugefroren. Bei Föhn herrscht wunderbare Fernsicht. Der See ist unter Wassersportlern für seine plötzlich hereinbrechenden Gewitter berüchtigt. Wegen der dann auftretenden Sturmböen gibt es immer wieder tödliche Unfälle.

Fakten zum See: Das Bodenseebecken entstand nach dem Ende der Riss-Kaltzeit (Pleistozän) vor 1,3 bis 0,9 Mio. Jahren. Seine heutige Gestalt erhielt der Alpenvorlandsee, durch den der Rhein fließt, vor rund 10 000 Jahren. Die Wasseroberfläche beträgt 534 km² (Obersee 472 km², Untersee 62 km²), damit ist der See der drittgrößte Mitteleuropas. An der tiefsten Stelle ist er 254 m tief (Obersee zwischen Fischbach und Uttwil), 40 m im Untersee. Die Uferlänge beträgt 273 km. An seiner längsten Stelle misst er 63 km, an der breitesten 13 km. Der Bodensee liegt auf 395 m ü. NN.

Schweiz:
Ostschweiz Tourismus
Bahnhofplatz 1 a, CH-9001 St. Gallen
Tel. 0041/71/227 37 37, Fax 227 37 67
www.ostschweiz.ch

AUTOFAHREN

In der Schweiz und in Österreich kosten Autobahnen Maut. In Österreich sind Vignetten für zehn Tage, zwei Monate oder ein Jahr erhält-

Bevölkerung: Zwar gehört der Bodenseeraum zu drei verschiedenen Staaten, geschichtlich gesehen ist dies jedoch ein relativ junges Konstrukt. Ursprünglich zählt der Raum zum schwäbisch-alemannischen Siedlungsgebiet; das gilt auch für Oberschwaben. Rund um den Bodensee leben ca. 2 Mio. Menschen, wobei die Siedlungsdichte auf der deutschen und österreichischen Seite am höchsten ist. Größte Stadt am See ist Konstanz mit 83 000 Einwohnern, gefolgt von Friedrichshafen (58 800) und Radolfzell (30 000). In Bregenz leben 27 000 Menschen.

Religion: Die Bevölkerung am Bodensee und in Oberschwaben ist überwiegend katholisch, nur in der Schweiz im Appenzeller Raum ist sie mehrheitlich protestantisch.

Wirtschaft und Tourismus: 140 Berufsfischer gehen am Bodensee noch ihrem Gewerbe nach, doch ihre Zahl ist rückläufig. Die Landwirtschaft nimmt eine wichtige Rolle ein, besonders der Obst- und Gemüseanbau. Auch der Tourismus ist ein nicht wegzudenkender Wirtschaftsfaktor, ist doch der See eines der beliebtesten Urlaubsziele in Deutschland. Die Industrie bietet vor allem Arbeitsplätze in Friedrichshafen, Konstanz, Radolfzell und Überlingen, Bregenz und Dornbirn in Österreich bzw. Romanshorn und St. Gallen in der Schweiz.

Naturschutz: Die wichtigsten Naturschutzgebiete sind das Wollmatinger Ried, das Eriskircher Ried, die Halbinsel Mettnau und in Oberschwaben das Wurzacher Ried sowie der Federsee. Besonders für Wasservögel ist der Bodensee ein lebenswichtiges Biotop. Zugvögel nutzen den See als Raststation und um die Energiereserven aufzutanken, z. B. auf dem Weg nach Afrika oder Südeuropa und zurück.

lich. In der Schweiz muss man ein Jahresticket kaufen, kann aber auch gut auf gebührenfreie Straßen ausweichen. Innerorts gilt in allen Ländern rund um den Bodensee eine Höchstgeschwindigkeit von 50 km/h. In Deutschland gilt auf Landstraßen max. 100 km/h, auf Autobahnen kein generelles Limit; in der Schweiz auf Landstraßen max. 80 km/h, auf autobahnähnlichen Bundesstraßen max. 100 km/h, auf Autobahnen max. 120 km/h; in Österreich auf Landstraßen max. 100 km/h, auf Autobahnen max. 130 km/h. Saftige Strafen gibt es für Alkohol-

Personenfähren steuern fast jeden Hafen am Bodensee an – hier die Anlegestelle in Überlingen.

sünder in allen Bodensee-Ländern bei mehr als 0,5 Promille. Kraftstoff ist in der Schweiz und in Österreich (meist) billiger als in Deutschland. Eine Ausnahme bildet mitunter Diesel.

ESSEN UND TRINKEN

Restaurantempfehlungen befinden sich in den einzelnen Kapiteln, jeweils mit Angabe der Preiskategorie. Generell ist das Preisniveau in der Schweiz deutlich höher als in Deutschland oder Österreich. Die Bodenseeregion ist reich an gehobener Gastronomie, wie die Gourmet-Restaurants rund um den See belegen.

Preiskategorien

€€€€	Hauptspeisen	über 20 €
€€€	Hauptspeisen	15–20 €
€€	Hauptspeisen	10–15 €
€	Hauptspeisen	bis 10 €

Für Freunde von fangfrischem **Fisch** ist der Bodensee ein Schlaraffenland. Felchen und Kretzer, Zander und Seesaibling stehen auf fast jeder Speisekarte rund um den See und spornen selbst Spitzenköche zu Hochleistungen an. Gebacken, gebraten, in feinen Umhüllungen und mit Sößchen und Beilagen aller Art verwandelt sich die zarteste Frucht des Bodensees in Gaumenfreuden.

Das Schöne am Fisch: Er kann, muss aber nicht aufwendig in Szene gesetzt werden – das Solo für einen Seesaibling garantiert Hochgenuss. Am Bodensee, wo gleich drei Länder mit ihren kulinarischen Besonderheiten aufeinanderstoßen, lohnt der Blick über den nationalen Tellerrand: Die Schweizer lieben es, ihren Eglifisch zu filetieren. Das Felchen, der das Auskommen der Fischer sichert, wird auf deutscher Seite auch geräuchert angeboten. In Österreich indes zählt der Zander im Salzmantel zu den typischen Spezialitäten. Seeforelle gilt als „Lachs des Bodensees" und wird gekocht, gebacken und gebraten angeboten. Der Seesaibling, der im 19. Jahrhundert aus Nordamerika eingeführt wurde, gilt als der Star unter den Boden-

seefischen und wird seines leicht rötlichen Fleisches wegen in der Schweiz „Rötel" genannt. Auch geräuchert ist er zu kaufen.

Im Herbst ist Wildsaison, und man darf sich auf Rehmedaillons oder Wildschweinbraten freuen. Auf der **deutschen** Seite lockt die badisch-schwäbische Küche mit Zwiebelrostbraten, Sauren Kutteln (Rinderpansen, fein geschnitten und sauer angemacht), Maultaschen, Linsen und Spätzle oder badischen „Dünnele", einer Art Flammkuchen mit Sauerrahm, Speck und Zwiebeln, im Schwäbischen „Dinnete" genannt. In der **Schweiz** stehen köstliche Käsegerichte auf der Karte und Rösti (eine aus geriebenen Kartoffeln zubereitete Spezialität). Die **Österreicher** brillieren mit „Mehlspeisen": Germknödel, Marillenknödel, Palatschinken, Topfenstrudel. Im milden Bodenseeklima wächst ein hervorragender Wein. Hauptanbaugebiete sind die Regionen um Meersburg und Schaffhausen (siehe S. 60–63). Obst und Gemüse wachsen vor der Haustür (siehe S. 93). Wo viel Obst ist, sind auch die Brenner nicht weit. Zahlreiche Destillerien warten mit vorzüglichen Edelbränden auf.

Service

Drei Länder grenzen an den Bodensee.

FÄHREN UND FLÜGE

Die größten Schifffahrtsunternehmen am Bodensee haben sich zur „Weißen Flotte" zusammengeschlossen.

Autofähren: Zwischen Friedrichshafen und Romanshorn ganzjährig im Stundentakt (Fahrzeit ca. 45 Min.), ab ca. 20.30 Uhr kein Fährbetrieb mehr. Zwischen Konstanz und Meersburg tagsüber in der Regel im 15-Minuten-Takt (Fahrzeit ca. 15 Min.), nachts stündlich, aber ohne Lkw-Transport.

Personenfähren: Fast jeder Hafen am See wird von Anf. April bis Mitte Okt. von Kursschiffen zur Personenbeförderung angesteuert. Fahrplanauskunft: Über die Abfahrtszeiten der Auto- und Personenfähren rund um den Bodensee informiert die Bodensee-Schiffsbetriebe GmbH unter www.bsb-online.com. Die Katamarane Constanze, Fridolin und Ferdinand verbinden Konstanz mit Friedrichshafen in nur 50 Min. Auskunft unter 07541/9 71 09 00 oder 07531/3 63 93 20 und www.der-katamaran.de.

Sonderfahrten: Für Nostalgiker bietet sich eine Rundfahrt mit dem restaurierten Dampfschiff Hohentwiel an. Abfahrtszeiten unter Tel. 0043/5573/839 83 11, www.hohentwiel.com.

Zeppelinflüge: Die Rundflüge starten auf dem Friedrichshafener Flugplatz Manzell, eine halbe Stunde Rundflug über Friedrichshafen kostet z.B. 200 € pro Person. Passagiere müssen mindestens zwei Jahre alt sein und die Treppe zum Luftschiff hinaufsteigen können. Infos und Rundflugbuchung sowie Anmeldung zur Werksbesichtigung: Tel. 07541/5900-343, www.zeppelinflug.de

FEIERTAGE UND FESTE

Nationale Feiertage: 1. August (Nationalfeiertag Schweiz), 3. Oktober (Tag der deutschen Einheit), 26. Oktober (Staatsfeiertag Österreich).

Geschichte

Um **10000 v. Chr.** Steinzeitfunde belegen eine erste Besiedlung.

4000–800 v. Chr. Pfahlbauten entstehen.

5. Jh. v. Chr. Kelten leben am See.

1. Jh. v. Chr. Römische Besatzung: Bregenz (Brigantium), Felix Arbor (Arbon), Constantia (Konstanz) und andere Orte werden gegründet, 395 n. Chr. endet die Römerherrschaft, Alamannen besiedeln das Land.

496 Chlodwig, König der Merowinger, unterwirft die Alamannen.

Um 550 Bistum Konstanz wird gegründet.

Um 610 Wandermönche: Gallus und Columban missionieren die heidnische Bev.

8. Jh. Klostergründungen: Reichenau (724) St. Gallen (um 720); um 750 wird Bodman karolingische Pfalz.

9. Jh. Hochblüte mönchischer Kultur; Walahfrid Strabo ist Abt auf der Reichenau.

1134 Zisterzienser gründen Kloster Salem.

1273 Niedergang der Staufer, Rudolf I. von Habsburg wird deutscher König; Teile des Bodensees kommen zu Vorderösterreich.

1380 Oberschwaben: Mehrere Städte schließen sich zur Großen Ravensburger Handelsgesellschaft zusammen. Zunehmender Reichtum durch Leinwandhandel.

1414–1418 Konzil von Konstanz: Papst Martin V. wird gewählt, Ende des Kirchenschismas; 1415 wird Jan Hus auf dem Konzil als Ketzer verbrannt.

1499 Thurgau kommt zur Eidgenossenschaft, Konstanz wird Grenzstadt; 1501 stoßen Schaffhausen und Appenzell zum Schweizer Bund.

1521 Reformation in Konstanz; ländliche Gebiete bleiben katholisch, 1534 Reformation in ganz Württemberg; 1546/1547 Schmalkaldischer Krieg, Konstanz wird wieder katholisch.

1618–1648 Dreißigjähriger Krieg: Schwedische Truppen besetzen die Mainau und Bregenz, die ganze Region leidet schwer.

1803 Säkularisation: Klöster werden aufgelöst.

1803–1848 Durch die napoleonische Flurbereinigung erhält Baden den westlichen Seeteil, Württemberg bekommt Zugang zum See, Lindau fällt an Bayern.

1848 Friedrich Hecker ruft in Konstanz die Deutsche Republik aus.

1900 Am 1. Juli steigt der erste Zeppelin in Friedrichshafen auf.

1919 Vorarlberg wird österreichisches Bundesland, obwohl die Bevölkerung mehrheitlich zur Schweiz gehören möchte.

1939–1945 Im Zweiten Weltkrieg wird der Bodensee Zuflucht für viele Verfolgte. Friedrichshafen wird bombardiert.

1963 Bislang letzte Seegfröne.

1966 Gründung der Universität Konstanz.

1998 Wiederaufnahme des Zeppelinbaus: Der Zeppelin NT, gebaut auf der Zeppelinwerft Friedrichshafen, startet.

2000 Insel Reichenau wird UNESCO-Weltkulturerbe.

2002 Bei einem der schwersten Luftfahrtunglücke Europas stoßen ein russisches Passagierflugzeug und ein deutsches Frachtflugzeug nahe Überlingen zusammen. 71 Menschen, überwiegend Kinder, kommen dabei ums Leben.

2003 Selbst der Jahrhundertsommer bringt die Bodenseewasserversorgung nicht in Not, doch der Pegel erreicht einen nie da gewesenen Tiefstand; zeitweise wird sogar die Schifffahrt eingestellt.

2005 Neben den schnittigen Jachten, Jollen und Ausflugsbooten durchschneiden nun auch drei große Katamarane das Wasser des Sees.

2008 Die Kormorane bringen den See in die Schlagzeilen wegen einer umstrittene Lichtvergrämung.

2010 Mit der Ernennung des Kormorans zum „Vogel des Jahres" gehen die Auseinandersetzungen zwischen Vogelschützern und Fischern in eine neue Runde.

ab 2014–2018: Konstanz feiert 600 Jahre Konzil; jährlich unter einem neuen Motto.

Die größten Feste: Blutritt Weingarten (Fr. nach Himmelfahrt), St. Galler Kinderfest (Juni), Seehasenfest in Friedrichshafen (Juni/Juli), Stadtfest und Kinderfest in Lindau (Juli), Stadtfest mit Schwedenprozession in Überlingen (Juli), Ravensburger Rutenfest (Juli), Bregenzer Festspiele (Juli/Aug.), Seenachtfest in Konstanz und Kreuzlingen (Aug.), Langenargener Fischerstechen (Aug.), Rorschacher Sandskulpturenfestival (Aug.), Weinfeste in Meersburg, Hagnau, Salem, Bregenz (Sept./Okt.).

GELD

In Deutschland und Österreich ist der Euro das gültige Zahlungsmittel, in der Schweiz der Schweizer Franken. Meist kann man im Schweizer Bodenseeraum mit Euro bezahlen – bekommt als Wechselgeld allerdings häufig Franken heraus – und der Wechselkurs ist eher ungünstig. Alle gängigen Kredit- und EC-Karten werden in den drei Ländern in der Regel problemlos angenommen.

Oberschwaben ist ein Paradies für Wellness-Anhänger, hier die Bad Waldsee-Therme.

NOTRUFE

Euro-Notruf 112 (auch vom Handy) in Deutschland, Österreich und der Schweiz; auch bei Wassernotfällen auf dem Bodensee.

Deutschland: Polizei 110, Feuerwehr 112, Rettungsdienst 112, Seenotdienst 112

Österreich: Polizei 133, Feuerwehr 122, Rettungsdienst 144, Wasserrettung 114

Schweiz: Polizei 117, Feuerwehr 118, Rettungsdienst 144, Seerettungsdienst 118

REISEDOKUMENTE

Deutschland und Österreich gehören zur EU, daher brauchen EU-Bürger von und nach Österreich beim Grenzübertritt keine Papiere, sollten aber einen Personalausweis mit sich führen. Wer in die Schweiz möchte, benötigt einen Personalausweis oder Reisepass.

REISEZEIT

Bodensee und Oberschwaben haben zu jeder Jahreszeit ihren Reiz. Die beste Reisezeit liegt zwischen Mai und September, dann sind auch sämtliche Sehenswürdigkeiten zu besichtigen; Museen und andere Einrichtungen haben geöffnet. Im Juli und August ist das Wasser zum Baden am angenehmsten. Für Wanderer ist die Region aber auch im Oktober ein lohnendes Ziel. Im Winter zieht allerdings häufig Nebel über dem See auf.

TELEFON

Ländervorwahlen:
Deutschland 0049, Österreich 0043, Schweiz 0041. Bei Telefonaten ins Ausland entfällt die Null der Ortsvorwahl.
Sonderfall Schweiz: In der Schweiz muss man, anders als in Deutschland und Österreich, immer die Ortsvorwahl mitwählen, auch wenn man sich im betreffenden Ort befindet.

SPORT

Radfahren: Rund 270 km weit führt der Bodensee-Radweg um den See. Ganz allein wird man hier selten sein, denn die Strecke gehört zu den beliebtesten Radwegen ganz Europas und wird jährlich von rund 200 000 Radlern frequentiert. Dafür ist sie relativ leicht zu bewältigen und reich an Service aller Art, z. B. Radeln ohne Gepäck: Das Gepäck wird von Hotel zu Hotel gebracht, während die Gäste radeln. Viele Unterkünfte entlang des Radwegs sind beteiligt. Nähere Infos zum Radweg und Radeln ohne Gepäck bei der Bodensee-Radweg Service GmbH, Fritz-Arnold-Str. 16a, 78467 Konstanz, Tel. 07531/81 99 30, www.bodensee-radweg.com.
Segeln: Der Bodensee gilt als Segelparadies. Rund 100 Segelclubs säumen seine Gestade. Wer selbst segeln will, muss bedenken, dass für Boote mit mehr als 12 m² Segelfläche oder mehr als 4,4 kW Motorleistung auf dem Bodensee ein Bodenseeschifferpatent benötigt wird. Gäste können auf Antrag ein Ferienpatent für vier Wochen bei den Landratsämtern Konstanz, Friedrichshafen oder Lindau bzw. bei den

Schifffahrtsämtern Kreuzlingen, Rorschach oder Bregenz erhalten. Über die zahlreichen Regatten rund um den See informiert die Internetseite www.regatta-bodensee.com.
Wandern: Rings um den Bodensee finden Wanderer, Jogger und Nordic Walker hervorragende Möglichkeiten. Die örtlichen Touristinformationen erteilen Auskunft und bieten z. T. sehr gute lokale Routenvorschläge an. Für Bergwanderungen bieten sich die Wandergebiete am Pfänder und Säntis an.
Inlineskating: Der Bodensee-Radweg kann zum Teil auch mit Inlinern befahren werden. Besonders beliebt ist die Uferstrecke zwischen Meersburg und Hagnau, in Immenstaad gibt es einen Skate-Fun-Park.

UNTERKUNFT

Hotels und Gasthöfe stehen in sämtlichen Preissegmenten zur Verfügung. In den Kapiteln ist eine Auswahl an Hotels zu finden. Die Preiskategorien sind:

Preiskategorien

€€€€	Doppelzimmer	über 200 €
€€€	Doppelzimmer	150–200 €
€€	Doppelzimmer	100–150 €
€	Doppelzimmer	bis 100 €

VERGÜNSTIGUNGEN

Bodensee-Erlebniskarte: Je nach Interessenlage gibt es die Bodensee-Erlebniskarte für Landratten, Seebären und Sparfüchse. Als „Landratte" erhalten Sie an über 180 Ausflugszielen Ermäßigungen oder freien Eintritt in Museen, Strand- und Erlebnisbäder, Freifahrten mit Bergbahnen oder kostenlose Stadtführun-

Goldhauben sind Teil der Überlinger Tracht.

Service

Einen unvergleichlichen Panorama-Blick gewährt die Fahrt mit dem Zeppelin NT.

gen. Als „Seebär" genießen Sie die Vorteile der Landrattenkarte, haben aber zusätzlich freie Fahrt auf allen Kursschiffen der „Weißen Flotte". Als „Sparfuchs" haben Sie freien Eintritt bei über 170 Erlebniszielen, freie Fahrt auf den Kursschiffen und bekommen rund 30% Ermäßigung bei klassischen Zielen. Die Kartenpreise sind gestaffelt nach Geltungsdauer, Alter und Kartentyp (2010: Landrattenkarte Erw. 39/49/59 € bei 3/7/14 aufeinanderfolgenden Tagen Gültigkeit, Seebärenkarte 69/90/123 € ; Sparfuchskarte 50/72/111 €. Kinder von 6 bis 15 Jahren: Landratte 21/27/31 €, Seebär 37/47/61 €, Sparfuchs 27/37/51 €. Kinder unter 6 Jahren gratis). Die Karten sind erhältlich bei allen Touristinformationen am Bodensee und den Kartenverkaufsstellen der Weißen Flotte. Info unter www.bodensee.eu.

WELLNESS

Einige Bäder in Oberschwaben sind als Moorheilbäder anerkannt, darunter Bad Buchau, Bad Schussenried, Bad Waldsee und Bad Wurzach. Kneippkurorte sind u.a. Bad Waldsee, Aulendorf, Biberach-Jordanbad und Überlingen. Oberschwabens wärmste Therme liegt in Bad Waldsee.

ZOLLBESTIMMUNGEN

Eingeführt werden dürfen von der Schweiz aus nach Deutschland: 4 l Wein, 1 l Spirituosen, 200 Zigaretten oder 250 g Tabak bzw. andere Waren bis zu einem Wert von 300 €. Innerhalb der EU ist der private Bedarf in gewissen Grenzen zollfrei, es ist aber auf wert- und mengenmäßige Abgrenzung zum gewerblichen Warenverkehr zu achten, vor allem wegen der Einfuhrumsatzsteuer. Zwischen der EU und der Schweiz ist auch der Geld- und Devisentransfer reglementiert und bei Grenzübertritt anmeldepflichtig, i.a. bei Beträgen über 10 000 €.

Wasser, Weinberge, Blick auf Segelschiffe und die Alpen: der Bodensee von seiner schönsten Seite.

Impressum

1. Auflage 2011
© DuMont Reiseverlag, Ostfildern

Verlag: DuMont Reiseverlag, Postfach 3151, 73751 Ostfildern, Tel. 0711/4502-0,
Fax 0711/4502-135, www.dumontreise.de
Geschäftsführer: Dr. Thomas Brinkmann, Dr. Stephanie Mair-Huydts
Programmleitung: Birgit Borowski
Redaktion: Dina Stahn
Text: Dina Stahn
Exklusiv-Fotografie: Rainer Kiedrowski
Titelbild: Christof Sonderegger, Bodensee mit Säntis
Zusätzliches Bildmaterial: S. 4 unten links, 43 oben P. Pleul/picture-alliance;
4, 61 unten, oben Ch. Gillé/stockfood; 4-5, 7, oben Mitte, 18-19, 24 unten, 74-75
R. Schmid/Huber Images; 7 links Mitte, 12-13, 40 oben, 58 unten, 63, 90-91 oben
Karl-Heinz Raach; 7 Mitte, 14-15 Heeb/laif; 7 unten links, 90 unten Schuerpf/Key-
stone Schweiz/laif; 8-9 H. & D. Zielske/LOOK-foto; 10-11, 107 rechts Oberschwaben Tourismus; 16-17, 67 (2x) Hettrich/Fnoxx; 21 Bahnmüller/Imagebroker/mau-
ritius images; 22 oben Markus Keller/imagebroker/mauritius images; 26, 81 unten, 85 oben, 86-87, 97 oben Christof Sonderegger; 27 unten, 57 rechts K.
Henseler/laif; 27 oben Bodensee Wasserversorgung; 30 Krüger/DuMont Bildarchiv; 31 (3x) Beate Bitterwolf; 32 ROM/imagebroker/mauritius images; 35 oben,
72 unten, 73 rechts, 82-83 Raach/laif; 35 unten R. Brunner/laif; 36-37 Arco
Images/Alamy; 38 unten Engel & Gielen/LOOK-foto; 42, 49 (3x) Dietmar Nill;
43 unten Eibner-Pressefoto/picture-alliance; 44 A. Krause/imago; 45 (2x) P. See-
ger/picture alliance; 50-51 H. Wohner/LOOK-foto; 54 unten M.Hauser/mauritius
images; 55 oben links H.Wohner/LOOK-foto ; 55 unten Busse Yankushev; 59 links
Dieterich; 59 rechts Lange NaturBild; 60 u. 62 rechts Weingut Aufricht Meers-
burg/Stetten, Bodensee; 62 links H.Holler/LOOK-foto; 68-69 K. Forster/Bregenzer
Festspiele; 70-71 unten I.Pompe/LOOK-foto; 74 links M. Keller/imagebroker/
mauritius images; 74 unten DuMont Bildarchiv/R. Kiedrowski; 76 Krüger/DuMont
Bildarchiv; 77 oben Atlantide/Schapowalow; 81 oben Engel & Gielen/LOOK-foto;
81 Mitte, 90-91 unten Christian Perret; 92 Stockfood/Peter Allgaier; 93 Stock-
food/FoodFotogr Eising; 95 Appenzeller Schaukäserei; 98-99 Ravensburger Spieleland; 95 oben, 106 dpa/picture alliance; 97 Mitte, unten Appenzellerland Tou-
rismus; 107 links Verein der Freunde und Förderer Oberschwäbischer Pilgerweg
e.V.; 109 Elke Schäle-Schmitt; 111 (2x) Martin Stellberger; 114, 116 Schmid/Bild-
agentur Huber
Grafische Konzeption, Art Direktion: fpm factor product münchen
Layout: Cyclus · Visuelle Kommunikation, Stuttgart
Bildredaktion: Stefan Scholtz
Kartografie: © MAIRDUMONT GmbH & Co. KG, Ostfildern
DuMont Bildarchiv: Marco-Polo-Straße 1, 73760 Ostfildern,
Tel. 0711/4502-266, Fax 0711/4502-1006, a.nebel@mairdumont.com

Für die Richtigkeit der in diesem DuMont Bildatlas angegebenen Daten – Adressen, Öffnungszeiten, Telefonnummern usw. – kann der Verlag keine Garantie
übernehmen. Nachdruck, auch auszugsweise, nur mit vorheriger Genehmigung
des Verlages. Erscheinungsweise: monatlich.

Anzeigenvermarktung: MAIRDUMONT MEDIA, Tel. 0711/4502333,
Fax 0711/45021012, media@mairdumont.com, http://media.mairdumont.com
Vertrieb Zeitschriftenhandel: PARTNER Medienservices GmbH,
Postfach 810420, 70521 Stuttgart, Tel. 0711/7252-212, Fax 0711/7252-320
Vertrieb Abonnement: Leserservice DuMont Bildatlas, Zenit Pressevertrieb
GmbH, Postfach 810640, 70523 Stuttgart, Tel. 0180/5727252-265, Fax
0180/5727252-333, dumontreise@zenit-presse.de
Vertrieb Buchhandel und Einzelhefte: MAIRDUMONT GmbH & Co KG,
Marco-Polo-Straße 1, 73760 Ostfildern, Tel. 0711/4502-0, Fax 0711/4502-340
Druck und buchbinderische Verarbeitung: NEEF + STUMME premium printing
GmbH & Co. KG, Wittingen, Printed in Germany